JN045077

増補新版

時代の証言者 伊藤千代子

藤田 廣登 著

学習の友社

伊藤千代子がこと　土屋文明

まをとめのたゞ素直にて行きにしを
囚へられ獄に死にき五年がほどに
こころざしつゝたふれし少女よ新しき
光の中に置きて思はむ
高き世をたゞ目ざす處女らここにみれば
伊藤千代子がことぞかなしき

土屋文明直筆。伊藤千代子の後輩の塩沢富美子さんに贈られた

伊藤千代子顕彰碑・土屋文明詠「伊藤千代子がこと」歌碑
（1997 年 7 月 21 日建立。諏訪市・龍雲寺霊園）

序文　伊藤千代子のこと

藤田廣登さんの新著に寄せる

秋元波留夫

伊藤千代子が東京府立松沢病院で非業の死を遂げてから七六年の歳月が過ぎた。このたび、千代子研究の第一人者である「平和と労働センター・全労連会館」常務理事藤田廣登さんのこれまでの徹底した調査、探求の成果が刊行され、千代子の生涯とその生きた時代がいま光のなかに照らしだされたことを悦ぶとともに感謝したい。

私が著者の藤田廣登さんを知り、親しくなったのは、一九九六年八月二日、東京・小平でおこなわれた「平和のための戦争展・小平」での私の「戦争と精神障害者」と題した講演のことが新聞「赤旗」に載ったことがきっかけである。この話のなかで、私は昭和初期、一五年戦争への暴走に不可欠の役割を果たした治安維持法が「拘禁精神病」と呼ばれる精神障害の原因となる悪法であり、この事実を明らかにすることが当時を知る精神科医としての自分の務めだということを語った。藤田さんが大変な熱意で研究していた伊藤千代子は「拘禁精神病」を病むに至った治安維持法犠牲者の一人であり、藤田さんが求めて止まなかった千代子が無念の死を遂げる前後の空白の期間を埋める資料、松沢病院医師野村章恒の論文（一九三七年発表）を私は藤田さんに提供することができ、千代子研究に多少の寄与ができたことを悦んでいる。

藤田さんには小口廣登の筆名で書かれた千代子に関する数多くの論文があるが、それを読んで、私自身、千代子の生きざまに感動し、彼女について、自分なりに調べたり、考えたりしたことを、これまで、話したり、書いたりしてきた。私が千代子にこころを惹かれるのは彼女の青春と私のそれとが重なるからでもある。同じ時代を生きたものとして、共感するところが多分にあるからだ。千代子は東京女子大、私は旧制松本高等学校で青春を過ごした大正末期から昭和初期、一九二〇年代は、大正デモクラシーに続いて民主化運動が急速に高まった時代であるとともに、天皇制軍部ファシスト政府が、ドイツのヒトラー、イタリアのムッソリーニと呼応して、一五年戦争に突入する前夜であり、一九二二年、私が松本高等学校に入学した年に創立された非合法日本共産党を先頭とする民主勢力に対する三・一五事件にはじまる治安維持法下のファシズム権力のむちゃくちゃな弾圧が続いた時代であった。

藤田さんのこの本は決して過去の物語ではない。いま、わが国は有事法制の制定、イラクへの自衛隊派遣、多国籍軍への参加など、日本国憲法第九条を蹂躙しているばかりではなく、九条を改ざんして再び戦争国家へ逆戻りしようとしている。九条は戦争に反対し、平和のために闘って斃れた千代子たちのこころざしそのものである。このことをこの本は何よりも雄弁に私たちに語りかけている。日本の将来を担う若い世代の人たちに是非この本を読んでもらいたい。

（あきもと・はるお／元都立松澤病院院長、日本精神衛生会会長、きょうされん顧問・当時）

＊二〇〇五年初版への序文

もくじ

序章　こころざしつつ たふれしをとめよ

アララギ歌人土屋文明は、東京女子大講堂の演壇に立っていました。真剣に聴きいる女子学生たちを前にした時、かつてこの大学に学んだ教え子・伊藤千代子のことが走馬灯のように浮かび、

語らへば眼かがやく処女(をとめ)等に思ひいつ　諏訪女学校にありし頃のこと
清き世をこひねがひつつひたすらなる　処女等の中に今日はもの言ふ
芝生あり林あり白き校舎あり　清き世ねがふ少女(をとめ)あれこそ
まをとめのただ素直にて行きにしを　囚へられ獄に死にき五年(いつとせ)がほどに
こころざしつつたふれし少女よ　新しき光の中におきておもはむ
高き世をただめざす少女等ここに見れば　伊藤千代子がことぞかなしき
（『アララギ』昭和十年十一月号所収）

の感慨がほとばしりました。一九三五（昭和一〇）年初秋のことでした。

土屋文明が千代子の死から六年後に実名をあげて詠んだ「某日某学園にて」六首は、戦後、アララギの流れをくむ人や心ある人々によって甦り、非業の死をとげ、抹殺されかかった千代子に新たな光を当てていく拠りどころとなりました。

「白樺の子」諏訪高女へ入学

伊藤千代子は、後に女流作家となる平林たい子（本名タイ）とともに中洲村（現諏訪市）尋常高等小学校で担任の川上茂（後、上條）の教育をうけ「白樺の子」として成長、やがて一九一八（大正七）年、諏訪高等女学校（以下、諏訪高女。現、諏訪二葉高校）に入学した。農村部から才媛二人の入学が話題をよんだ。入学時は平林たい子が首席であった。

その年、諏訪のアララギ歌人島木赤彦の推挙をうけて諏訪高女に教頭として赴任してきたのが土屋文明である。文明二八歳であった。土屋文明は群馬の田舎から上京、伊藤左千夫の家に寄宿、牛舎の世話をしながら苦学し第一高等学校から東京帝大文学部哲学科を卒業、国民新聞に入社を希望したが果たせず、生計をたてるため荏原中学（現、日体大荏原高校）や三田英語学校（夜間）の英語講師をしていた。それを見かねた島木赤彦が自分の郷里諏訪へ招聘したのである。

諏訪高女は土屋文明赴任の一年前、上諏訪町立から長野県立に昇格したのを機会に英語が必須課目となった。赴任が決まったあとあわただしく相思相愛の塚越テル子と結婚。夫人をともない着任した文明は、着任早々から、教育は主体性をもった人間を育てることにあり男女の差はない、貧富の差を学校にもち込まない、などの考えで一貫し、成績順位はないが「流行には遅れろ、学科では負けるな」という教育実践にとりくみ、自らも英語、国語、修身の教壇に立った。

当時、諏訪地方では全国有数の生糸産業が発展し、製糸工場の技術も発展し、そのもとで、女工哀史といわれた過酷な強制労働とたたかう近代的労働者群が誕生した。また全国的な人士の交流や横浜の生糸交換所を通じて若々しい欧米文化に接し、受け入れていく土壌がつくられ開明の思潮がみなぎりつつあった。

また、大正デモクラシーの象徴的存在の一つである武者小路実篤や志賀直哉らの自然主義文学『白樺』派が大きな影響をもちはじめ、小学校にまで人道主義・理想主義を標榜（ひょうぼう）する白樺派教育が浸透していた。雑誌『白樺』の読者は東京に次いで長野県が多く、諏訪盆地は「信州白樺教育運動」のさなかにあった。

伊藤千代子らの諏訪高女卒業直前の写真（諏訪二葉高等学校二葉会「天つ野」52号から）〔最上列右端は土屋文明、下から３列目左端が伊藤千代子、１列目右から二人目が平林たい子〕

土屋文明が着任して教壇に立った時、諏訪盆地には彼の思想、教育方針を受け入れる土壌はこのようであった。校内では、文明を慕って集まった若々しい開明の思想に燃える教師集団の熱気あふれる教育実践がすすめられた。

文明が教育に熱中し、作歌活動から遠のき、赤彦をして気をもませた時期である。伊藤千代子は、文明が教頭から全国最年少の校長となった四年間、この熱気のなかにあった。平林たい子はますます自由奔放に校内を風きって歩き、しばしば校則を破ってあやうく退学処分の対象となり文明を悩ました。千代子は地味で目立たない存在であったが、英語、国語、数学、理科で抜群の成績を修め、文明の注目するところとなった。卒業時は千代子が総代をつとめた。

なお、これまで千代子は、土屋文明から卒業証書を授与されたと言われてきたが、文明はこの年、三月一四日に松本高等女学校へ転任しており、授与は四代校長河野齢蔵からであった。

「ある小さなもくろみ」

文明の英語教育をうけた千代子は、小学校高学年時代に島崎藤村を読みこなしていて、平林たい子とともにロシアや西欧の作家たち――トルストイ、ゴーリキー、ドストエフスキー、ゴーゴリらの作品のもつ世界についてもっと広く知りたい、語学の勉強でもっと広く世界を知りたいという思いを胸に秘めることとなった。それはしだいに東京の大学で英語の勉強を、という強い願望に発展していった。この千代子の志向の源泉は文明らの教育にあったのである。

一方で、諏訪高女時代の千代子は、小学校時代の恩師、川上茂への敬慕をしだいに恋愛感情に高めていた。諏訪高女時代からその後の高島小学校代用教員時代（一九二二～二四）に千代子が胸をときめかせた大きな出来事であった。

この時期に伊藤千代子は、次第に彼女を避け、遠ざかっていくかつての恩師川上の変質に疑問をもちはじめ、愛する人と訣別する苦悩を味わった。結婚を前提につきあってきた川上が松本女子師範学校転任後「変心」したことへの千代子の痛いほどの心の動きが近年公開された「心の友」、五味よ志子（後、葛城）さんへの「手紙群」によって明らかになった（三女の葛城誉子（しげこ）著『イエローローズ――伊藤千代子の青春』、〇四年九月二三日の「伊藤千代子没後七五周年記念のつどい」講演など）。この「手紙群」の後半部分、つまり、高島小学校代用教員時代の千代子が、一年生を受けもち、貧困家庭の児童と自分の弁当を分けあって、休み時間も教室にとどまって一所懸命だったこの時期に、彼女は「ある小さなもくろみ」を自らに課していることをよ志子さんに伝えてきていた。「ある小さなもくろみの準備としての英語を専心やって居ります。語学は私にある明るさを与えてくれます」と。

テル子夫人の援助

自宅での補習　千代子のこの志を援助してくれる強力な理解者がいた。

「昭和四十八年夏期歌会の『土屋先生にものを聞く会』では、千代子が東京女子大への進学を志し、半年ほど先生のお宅に通ってテル子夫人から英語の補習を受けていたことを教えていただいた。そんなこともあって将来を嘱望（しょくぼう）しておられたこととおもう」（『アララギ』平成五年第三号「土屋文明短歌研究十七」）

こうして土屋テル子が千代子の「もくろみ」への支援者としてうかびあがってきた。千代子の英語の勉強への強い関心を引き出したのは文明であり、その援助をしたのがテル子であったのである。

塚越テル子は、土屋文明と同郷（群馬県上郊（かみさと）村、現、群馬町）で、村の名家のクリスチャンの家庭に育ち、一八九九（明治三二）年四月、単身上京、数え年一二歳で女子学院の予科に学び校内の寄宿舎から通学した。予科から本科へと九年間学び、高等科には進まず、津田梅子が創立した「女子英学塾」（現、津田塾大学）に入学した。当時、この英学塾は「英語教師となり得る実力を養成する」ことを謳って教育をおこなっていた。こうしてテル子は、一九一二（明治四五）年三月、同校を卒業、郷里に近い足利高等女学校で教鞭をとることとなった。彼女は発音が美しく、その授業は生徒たちに勉強への意欲をかきたてたといわれている。千代子は、願ってもない「先生」から英語の補習をうけることになったのである。

女子英学塾受験　テル子の援助はそれだけにとどまらず、その後の千代子の進学進路に重要な役割を果たすこととなった。先述のよ志子さんへの手紙で、千代子が関東大震災の年（一九二三年）に二度上京して「女子英学塾」を受験したことが判明した。この女子英学塾こそ、テル子の母校である。

仙台、尚絅女学校へ　「会話」が不出来で受験に失敗した千代子に、諏訪では名前も知られていなかった仙台のバプテスト系「尚絅（しょうけい）女学校」を紹介したのもテル子であったと思われる。当時、英語教育で定評のあったこの女学校は広く全国のキリスト教関係者の紹介で受講生を受け入れはじめていた。同校に入学した千代子の学籍簿が最近、学校側の尽力で発見された。この学籍簿には千代子だけが保証人欄空白であった。土屋テル子という強力な保証者なしには考えられないことである（第四章参照）。

念願の東京女子大へ　こうして尚絅女学校で席次二番の英語力をつけた千代子は、難関の東京女子大英語専攻部二年（予科一年を飛びこして）への編入学を果たした。このプロテスタント系キリスト教を学是とする女子大学は、当初、新渡戸稲造が、ついで開明の思想をもって臨んだ安井てつが学長に就任した。安井てつは、テル子が女子英学塾時代に尊敬してやまなかった恩師である。テル子は、その後愛娘三人すべてを千代子の後輩として東京女子大へ進学させている。

こうした事例をつないでみた時、諏訪高女卒業後の千代子の進路選択にテル子が大きな役割を果たしていた、と思われるのである。

文明の深い悲しみ、「憤り」の源泉

痛　恨　これまで文明と千代子の師弟関係は、「土屋校長は、〔平林〕たい子よりも千代子の方を心にかけていたようだ」（当時、諏訪高女で歴史の教師をしていた武井伊平氏の回想）と言われてきたが、文明夫妻と千代子の師弟関係はこれほどの強固な絆（きずな）で結ばれていたのである。だからこそ、かつて千代子が学んだ東京女子大で自分の講演を真剣に聴きいる女子学生たちを前にした時、心の奥底に宿っていた諏訪高女でひときわすぐれていた千代子への痛恨の思いが一気にほとばしったのであろう。文明夫妻と千代子をこういう関係でとらえなおすことによって、はじめて「某日某学園にて」六首の強烈な詠いあげの背景が、より理解しやすくなるのではないか。

その前半三首は、女子学生たちの真剣なまなざしに触発されて、文明が教育活動に最も熱中した諏訪高女時代への回想を高めていくさまが見てとれる。千代子を主題とした後半三首には悲しみを通りこして「憤り」をかくさないもの言いがある。

土屋文明が千代子の「獄死」に対して特高警察の目が光っているもとで、あえて実名をあげてこの三首を公表するほどの「憤り」の源泉はなんであったか。これまで見てきたように、文明は諏訪高女にあって直接千代子に英語の授業をし、千代子のなかにあるたぐい稀な才能を見いだし、それを引き出してみたいと思い、そのために東京の上級学校への進学という高い目標をすすめたに違いない。そうみると、テル子による半年間にもおよぶ自宅での英語の特別補習、その後の進路援助の謎も解けてくるし、そこまで将来を嘱望していた教え子を、治安維持法下「お上（かみ）」の弾圧によって奪われたことへの、いきどころのない「憤り」の直接的源泉も明らかになってこよう。

こころざしつつ……　文明が、「こころざしつつたふれし少女よ」と詠んだその「こころざし」とは明らかに共産党員伊藤千代子らのかかげた「反戦、平和・主権在民の社会の実現、国民の生活と権利の擁護」であった。そのこころざし半ばで倒れたをとめへの限りない哀惜、純粋に理想に殉じた千代子に手を差しのべられなかった痛恨。そしていまその千代子の「こころざした」ものを肯定し、それに新しい光を照射して見よう、というのである。この時期の文明に、

うつりはげしき思想につきて進めざりし　寂しき心言ふ時もあらむ　（昭和六年）

気力なきわが利己心はいつよりか　ささやかにしのび身を守り来し　（昭和九年）

の詠歌があることに注目する。また、

暴力をゆるし来し国よ　この野蛮をなほたたへむとするか　（昭和一二年）

がある。文明は、治安維持法による弾圧と一方で軍部ファシズムの跳梁（ちょうりょう）、中国への侵略の拡大に大きな危惧をいだいており、詠歌はいずれも時流に流されまいとする自戒の表現ではないか。

東京府立松澤病院　「知人が自分を呼んでいる。アララギ社同人です」、「先生の所へ行きたい」。千代子が一九二八年の三・一五事件で逮捕され、市ヶ谷刑務所に拘留中、自らは断固として変節を拒否していたが、指導的メンバーの、そして夫浅野晃の変節に苦悩を深めて拘禁精神病を発症し、特高警察の監視下の松澤病院に収容された最期の時に、医師に対して発した言葉として病院側観察記録に残された言葉である（第一一章参照）。この千代子の悲痛な叫びは、文明夫妻には直接届かなかったが、その非業の死を知った時から文明には、教え子を権力の魔手から救い出せなかった痛恨が沈積し、終生それをもち続けていたのではないか。文明の戦後に見よう。

我にことばあり――文明の戦後

一九四五（昭和二〇）年五月二五日の大空襲で青山の自宅はいうにおよばず、アララギ印刷所も原稿も灰燼（かいじん）に帰した。文明はやむなく群馬県原町川戸（現、東吾妻町）に疎開して農耕と山野に食糧を

もとめて生活をはじめた。それは、

　朝よひに真清水に摘み山に摘み　養ふ命は来む時のため

であった。文明が日本軍国主義の敗北を予見していたと思われる表現である。

敗戦の年の九月一九日、文明はリュックを背に単身上京し、青山の焼け跡に立った。防空壕のなかに蜜柑箱を机にしたアララギ編集所の再出発であった。こうして、同年九月「八頁のザラ紙の『アララギ』九月号」が再刊された。その一一月号の「編集所便」（編集後記）で「現在吾々の眼前に迫って居る変革は尋常一様のものではないと思われる。短歌の形式が、又アララギの製作態度が、此の変革をも乗り越えてなお存在の意義を主張し得るや否やは全く今後の諸君の作品の実績にかかって居るといえよう」と高らかに訴えた。その文明の決意は、

　垣山にたなびく冬の霞あり　我にことばあり何を嘆かむ

の意気込みであった。「我にことばあり」、なんと明解で、強靱であることか。土屋文明は、日本国民が戦後の混乱と窮乏にあえいでいた時、敗戦からわずか一ヵ月の時に、このように昂然と顔（おもて）をあげて戦後をスタートさせた。

私は、戦前、戦中を生きた人のことについてふれる場合、それぞれがどのように戦後を再出発させたかを大事にしたい。そして、それに戦後をどう生きたかを重ね合わせたい、と考える。文明にあって戦時下に「日本文学報國会短歌部幹事長」（一九四二年）などといういまわしい肩書きがあるが。

歴史の転換期に　土屋文明は、戦後の歴史の転換期にいくつかの歌を残した。

　白き人間まず自らが滅びなば　蝸牛（かぎゅう）幾億這ひゆくらむか

　旗を立て愚かに道に伏すといふ　若くあれば我も或は行かむ

第一首は一九五四年、アメリカの水爆実験で第五福竜丸が被爆した時。原水爆を使った白人がまず自ら滅び、その累々たる死骸のうえを幾億のかたつむりが這いゆく、の意。するどい警句である。第二首は明解。一九六〇年の安保大闘争時のものである。

社会進歩への貢献　晩年、土屋文明はたびたび新聞「赤旗」に登場するようになる。短歌界の巨匠といわれた文明は、日本の進路をめぐってたたかわれた大事な選挙のたびごとに日本共産党への推薦のことばを寄せている。「売上税の問題など、昨今の動きをみていると、政治のまやかしが目に余る。その点で、いつでも筋をとおしてものをいい、そのように行動する共産党に期待するところが大きい。大いにがんばってほしい」（一九八七年三月二二日付「赤旗」　九七歳）。そして、一九九〇年。百歳を迎えた文明の「日本共産党の前進に期待します」という一行が最後となった（二月二三日付「赤旗」）。この年、文明は病を得て一二月八日、東京・代々木病院で他界した。

こうして、土屋文明は、強靭な精神をもって短歌の革新にたちむかい、それによって社会進歩に貢献しただけでなく、かつて千代子らがかかげた「こころざし」の実現のために苦闘する日本国民と日本共産党に熱い期待と限りない励ましの「ことば」をおくり続けた。文明は千代子らの「こころざした」ものの側に身をおいており、千代子と同じ地平に立つことによって、ここでも社会進歩に大きく貢献された。人権と民主主義の遅れた日本にあって、著名な文化人といえども反共土壌にたじろぐ戦後の数十年であった。このようななかにあって、日本の社会変革の旗印を明確にかかげた事業に公然と賛意と激励を寄せ続けた文明であった。このことは文明が、終生、心のなかに千代子を顕彰し続けた証左といえないだろうか。

伊藤千代子顕彰碑歌碑

土屋文明は晩年に、塩沢富美子（野呂栄太郎夫人）を訪ねて懇談した。富美子が伊藤千代子のすぐれた後輩であることを知った文明は、もとめに応じて「某日某学園にて」の後半三首を「伊藤千代子がこと」と題して書き贈った。

生前、「歌碑ほどばかばかしいものはない」という姿勢を貫き、その建立をことごとく退けてきた文明であったが、千代子の墓所のある一角に一九九七年七月建立された「伊藤千代子顕彰碑」には、土屋文明ご遺族のあたたかい配慮で、この三首が刻まれた。歌碑は伊藤千代子生誕百年の二〇〇五年七月、さらなるご配慮により自筆翻刻のものとなった（**中扉**）。

一九二八年三月一五日、伊藤千代子は、前夜から徹夜でガリ切りした日本共産党中央の文書原紙をもって滝野川の党印刷所に出かけていき、そこで当日未明から張り込んでいた特高警察と格闘のすえ逮捕され、すさまじい拷問にも、獄中でも節を曲げずにがんばりとおした。その文書の原文は、彼女の部屋から押収された「政治経済情勢に関する日本共産党のテーゼ（草案）」である。文書は「帝国主義強国間の予備衝突が今や太平洋を中心にして……血みどろの戦争へ、不可避的に進行しつつある」と警告し、「わが党は……帝国主義戦争の準備に対して闘う」と結ばれていた。

千代子はこうして日本社会の民主的変革の事業と反戦・平和のたたかいに先駆して斃れた。ここでかかげられた日本の民主的変革と反戦平和の崇高な理念は、戦後の日本国憲法に結実されたのである。いま、千代子らを顕彰することは、そのかかげた「こころざし」の火を継いでいくことにつながるであろう。

第一章　生い立ち

一　逆境のなかへ

伊藤千代子は、一九〇五（明治三八）年七月二一日、諏訪湖畔に近い長野県諏訪郡湖南村（現、諏訪市南真志野）に、父義男、母まさよの長女として生まれた。

伊藤家の義勇・よ祢夫婦は子どもに恵まれなかったため、赤沼家四男の義男、岩波家長女まさよを両（一束）養子に迎えて伊藤家を継がせたのである。

伊藤家はもともと村長を務めるほどの名家で、広い土地をもった農家であった。千代子の前途は順調に見えたが、一九〇七（明治四〇）年二月二〇日に母まさよが二〇歳で急死するというアクシデントに見舞われた。千代子二歳の時であった。ついで翌年には、父義男が協議離縁して伊藤家を去ったために、千代子は養祖父母義勇・よ祢のもとで育てられることとなった。

そのあと、義勇は知人の連帯保証人の責任を問われ、田畑、家財の大半を失うという失意のなかで一九一三（大正二）年、五五歳で死去したため、千代子は祖母よ祢と二人きりの淋しい生活を余儀なくされた。千代子が湖南尋常小学校二年生の時であった。両親のいない千代子はこの逆境のなかで悲しみをこらえて過ごした。養祖母よ祢は道端に子ども相手の駄菓子屋を出して細々と生活する毎日であった。千代子はその淋しさを口に出さず、そんな境遇にも泣き言ひとつ言わずじっと耐え、いつもおばあちゃん思いの子として育った。しかし、内心は夜中に目が覚めるとおびえた様子だったと、姉妹同然に育てられたいとこの岩波八千代は語っている。

二　「白樺の子」

平林たい子との出会い　千代子が小学校三年生の時、こうした生活をみかねた隣村の母まさよの実家、中洲村中金子（現、諏訪市）の実祖父母の岩波久之助、たつが千代子を引き取って養育することとなった。千代子はそこから中洲尋常高等小学校・金子分校に転校した。そこで千代子は、その後よきライバル同士となる平林たい子と出会い、二人は競って勉強しあった。二人とも成績抜群であった。

この頃のたい子と千代子について「たいさんはおへらで」、「千代子さんは、ぼっちゃりした静かな人、日かげの人という感じで、頭がよく、美人で、あだ名は弁天様だった」と二人より一歳年長で、いっしょにカルタ取りなどをして遊んだという平林ひさ子は後に語っている。二人の好対照ぶりをよく言いえている言葉である。無口で、本心を内に秘めておもてに出さない千代子像がうかびあがってくる。

川上茂との出会いと敬慕　そして千代子が小学校五年生の時、中金子に本校が完成し、二学期からそこに全員が移った。そこに赴任してきたのが長野師範学校を卒業したばかりの二二歳の川上茂であった。彼は大正デモクラシーのなかに芽生えた白樺派自由主義教育の影響を受けた熱心な教師であった。授業は、国定教科書にとらわれずに独自のガリ版教材などを使って情熱的な教育実践をおこない、生徒たちに「志を立てよ」と口癖のように励まし、生徒たちの勉学意欲を引き出したという。

川上は同時に千代子らが六年生の時にクラスのなかの成績優秀な者を選んで特別教育をおこなった。伊藤千代子、平林たい子、小泉ゆき（たい子のいとこ）、岩波ムメヨ（後、松木）、新村義広、笠原芳巳の六名であった。川上はこの六人には、雑誌『白樺』、島崎藤村、長塚節などの文章をガリ版刷りで与えての特別教育をおこなった。このうち同クラスから千代子とたい子は諏訪高女へ、新村は諏訪中学（現、諏訪清陵高校）へ進学した。のちに名古屋高裁判事から弁護士になった新村義広は、「同じ教室の中で、〔勉強の〕できる者だけがかためられて、程度の高い本を読まされ教えられた」（「平林たい子追悼文集」一九七三年）と回想している。また、戦前から、戦後へと伊藤千代子を尊敬し心のなかに刻みこんで生きた同級生松木ムメヨは、「たい子さん、千代子さん、ゆきさんの三人はクラスのトップにたち、中洲小学校の三羽烏といわれていた」と回想する。

川上は「当時一八歳で人々を驚かせた中条百合子氏が喩え話として引合わされ……中条百合子が一八歳で書いたなら、お前達は一五歳位で書かねばなるまい、と激励された」（平林たい子「文学的自叙伝」）。中条は後の宮本百合子、一八歳の作品は『貧しき人々の群』である。

平林たい子は、この頃には小学校の先生をしていた義兄の書斎からドストエフスキー、トルストイ、ツルゲーネフ、ゴンチャロフ、ガルシン、ゴーリキーらの文学作品を借り出して読みすすむようになった（中野好夫編『現代の作家』）。本の買えない千代子は、たい子から借りて、これらの作品に親しんでいた。たい子はこの流れに乗り、文章を書きはじめる。そして『少女』『少女の友』『少女世界』等に投稿してそのいくつかが入選するようになった。一一歳の時に県下のテストで唯一満点をとって学校中の話題を独り占めしたこともある。

一方で千代子は自分の気持ちをあまりおもてに出さず、勉学にはげみながら、その心にしだいに川上茂への敬慕がつのる。そんな千代子に一〇歳違いの川上も特別の思いをもつようになった。「川上先生の千代子を見る目が和やかになった」と級友の五味よ志子さんは語っている。川上の下宿といちばん近くにいたよ志子さんも川上に憧れた一人であるが、心根のやさしいよ志子さんは千代子の想いを知って川上と少し距離をおくようになったという。

こうしてたい子流にいえば、「千代子さんは白樺派風に変わって行き、私は自然主義的に不良になった」(『婦人闘士物語』)。川上茂の教育方針をもっとも忠実に体得したのは千代子であったのではないか。千代子の卒業写真がある(**次頁**)。千代子もたい子も紋付きの絹の着物に帽子をかぶって得意げな顔である。実祖父母の千代子にかける思いの表現ともいえよう。

ここに千代子一三歳頃の詩が残されている。

わたしは　鞭打つ

今日も亦こうして
寂しい秋の夜がやってきた
私は今、たまらなく悲しい
私は、行く先々で
醜い現実の　汚れた姿を　みせつけられる　痛々しいまでに……
多くの人々が殊に若い自分のような人々が、
平気で笑いながら、

小学校卒業の日の伊藤千代子（左）平林たい子（右）

醜い現実に享楽しているところを見るとき
私はたまらない　いらいらする　どうにかしたい
私の魂は強く叫ぶ
おお
弱い我よ　その我さえも、生かすことを苦しんでいるのか！
私はどうすることも出来ないのか
私は鞭打つ
激しく、痛く……

この詩は、五味よ志子さんに書き送った手紙にしるされているもので、彼女が真っすぐな正義感、自分と同じ世代に対してしっかりした考え方を確立しはじめていることを知る手がかりとなろう。ここに、川上茂の教えを体得した「白樺の子」千代子がいる。

（以下、五味＝葛城よ志子さんへの「手紙」は、すべて三女の葛城誉子氏所蔵。ご好意により転載するものです。本稿記述にあたって葛城誉子氏の「伊藤千代子没後七五周年記念のつどい」二〇〇四年九月二三日の講演と著書『イエローローズ――伊藤千代子の青春』を参考にさせていただいた。「手紙」引用にあたって新かなづかいに改めた。）

第二章　「心の友」へ

伊藤千代子は無口で、自己を内に秘め、本心をおもてにださない少女でした。ところが、その千代子には唯ひとり本心を生きいきと手紙で伝えていた「心の友」がいました。六〇年もの沈黙を破って千代子の手紙が私たちの前に姿を現したのです。千代子は「心の友」に、何を語りかけていたのでしょうか。

一　幻の手紙

伊藤千代子顕彰碑建立から一年経った一九九八年の千代子の命日に『イエローローズ――伊藤千代子の青春』が葛城誉子氏によって上梓された。この本は、小説の形をとってはいるが、まぎれもなく伊藤千代子の小学校時代の級友であり、「心の友」であった五味よ志子さんに宛てて書き送った手紙をベースに展開されたものである。葛城誉子氏は、よ志子さんの三女で、千代子が学んだ諏訪高女後身の諏訪二葉高校の卒業生である。その小説のストーリーを見よう。

小説は、主人公・付与子（著者・葛城誉子）が諏訪大社へ母の健康祈願代参のおり、母から「お千代さ」の祈願もいっしょに頼まれ、この人はお母さんとはどういう関係の人かという問いかけからはじまるのである。

よ資子（小説で）は、千代子が「主義者」になって「お上にたてついて」捕らえられ、無残な死を遂げたことは知っていたが、心のなかに生き続ける千代子を誰にも明かすことなく「千代子からの手紙」を、嫁いだ時も、それ以降も肌身離さずもち続けた。付与子は諏訪への帰省の時、その手紙を「発見」、母よ資子から預かって読みはじめる。そこには、よ資子と千代子しか知らない「秘密」が隠されていた。……

葛城よ志子さんは、千代子からの手紙をこよりで綴じ合わせていて、何度も何度も取り出しては読んだのであろう。毛筆あり、万年筆あり、そして東京女子大で千代子が活動に入る直前のものは、エンピツ書きでびっしり五枚の便箋に書かれている。あちこちに紙魚（しみ）が広がっていて、さわるといまにも崩れそうな気配である。

こうして葛城氏は、母よ志子さんへの「千代子の手紙」をタテ糸に、アララギ歌人の吉田漱（すすぐ）の研究（ヨコ糸）にも拠りながら、「小説」という形をとって千代子の少女期と青春の実像を織り上げて作品化した。

二　千代子の実像

こうして小説のなかにちりばめられた「手紙」によって私たちは、千代子が多感な少女時代からぬけ出して、東京女子大にすすみ、社会科学研究会に到達するまでの人間的・思想的成長を、彼女の直筆の手紙でせまれるところまできた。これに東栄蔵氏（伊藤千代子研究者・長野市在住）が発掘した「伊藤千代子追悼録」（一一〇頁など参照）に掲載された東京女子大での活動期から獄中までの手紙を重ね合わせることにより、千代子の実像により精確にせまれるようになった。手紙の「発見」によって千代子の実像は一本の糸でつながれることになり、伊藤千代子の事績研究を新しい段階に押し上げるものとなったのである。

二〇〇〇年一二月上旬、葛城誉子氏は、わざわざ私の勤め先まで訪ねてきてくれた。私は震える手で、はじめて千代子の直筆を手にとって見たのである。これが探しに捜していた「幻の手紙」なのである。この膨大な手紙を肌身離さず保存された葛城よ志子さん、それを継承された誉子氏によって「公開」されたことに感謝の気持ちでいっぱいである。これが私の「伊藤千代子の事績調査」を急展開させる契機となった。

三 「心の友」よ

伊藤千代子からよ志子さんへの手紙は、千代子が一三歳、諏訪高女入学の年からはじまって、仙台、尚絅（しょうけい）女学校を経て東京女子大入学の一九二五年、千代子二〇歳の年までの八年間におよぶ四七通のハガキと封書であり、千代子とよ志子さんの、たんに親しい間がらではない深いきずなが読みとれる。千代子とよ志子さんは、「心の友」として一本の糸につながれていたのである。

「手紙」は千代子からよ志子さんへの一方通行であるが、行間からは千代子の悩みや願いに心を開いて、的確に返事を書いて励ましていくよ志子さんがうかびあがってくる。

この手紙群を千代子の青春時代前期にあてはめて見よう。

			ハガキ	封書通数
一九一八（大正七）	一三歳	諏訪高女入学。土屋文明着任		
一九一九	一四歳	高二年生、川上の読書指導続く		
一九二〇	一五歳	肋膜炎病む。文明校長に就任	5	15
一九二一	一六歳	川上との恋愛評判となる。川上松本女子師範へ転任		
一九二二	一七歳	総代で卒業。 高島小代用教員、恋愛関係壊れる	6	一
一九二三	一八歳	女子英学塾受験。川上結婚し上條姓	8	4
一九二四	一九歳	仙台、尚絅女学校に入学	6	一
一九二五（大正一四）	二〇歳	東京女子大英語専攻部編入学	1	2

（分類は葛城誉子氏による）

この手紙によって、私は伊藤千代子が当時何を考え、悩み、どう行動しようとしていたかを知ることができるようになった。そこには、小学校時代の恩師川上茂との恋愛とその挫折、〝先生はタイラント（暴君）的であった〟という驚くべき言葉が書きつらねられていた。さらには、「私にはある小さなもくろみがある」「よ志子さん、仙台にきています」、「どうしても、石にかじりついても東京へ行きたい」などなど千代子のその時々の想い、思考がそのものズバリ書き込まれている。その詳細な内容は次章から見ていくことにするが、私なりに読んだ手紙群の注目点を紹介しておこう。

諏訪からの「脱出」の真因　千代子が二年間つとめた高島小学校の代用教員を辞して「突然」に仙台の尚絅女学校に入学したことについて、島崎藤村に憧れて宮城野へ行った、というものと、川上茂との恋愛の破綻から逃れて仙台へ行った、という見方があった。

確かに千代子は小学校高学年時代、藤村に親しみ、以後彼の作品のほとんどを読んでいて、宮城野で藤村を偲んでいる、といった手紙を郷里のいとこたちに出していた。しかし、同時にこの時期にはすでに藤村の限界をもつかんでいて、「諏訪の先生達は、藤村や赤彦の詩や歌をよく教えてくれましたが、これからの世の中に立って、本当に自分の新しい道を見つけなければならない子供に、実際の社会はどんなものかということについては、教えてくれませんでした。その為に私はどんなにまわりまわって苦しんだかもしれません。藤村を読むことはいいことですが、藤村の若い時のものをお読みなさい。これから世の中に出ようとして苦しんでいる頃のものを」と書いている（獄中からいとこの岩波八千代宛て）。

「心の傷を負って」という見方には根拠がある。千代子の一〇歳年上の川上への敬慕が恋愛にまで高まり、やがて川上は千代子の婿養子になるだろうという評判であった。千代子が卒業して諏訪高女に学んだ二年間、川上は読書指導の形で彼女と付き合っていた。それが川上の松本女子師範学校へ転任のころから崩れてしまったのである。千代子の強烈な想いを断ち切った形で事態は進行する。心の傷は千代子が背負いこんだ。一途な千代子が人一倍苦しんだのは想像にあまりある。

しかし、諏訪高女卒業前後から代用教員時代の手紙を読むと、千代子はかたくなとも思えるほどの自制心をもってこの「事件」に耐えるのである。そのくだりの千代子の心の揺れ、それをよ志子さんに訴える心情は痛々しい。しかし、千代子が高島小学校代用教員になった時の手紙では、「〝今こそ、これからこそ、おまえは一人でいくのだ〃という声が、昼も夜も聞こえてくる」と書き、千代子が、この苦しみを克服する方向へ踏み出そうとしているのがうかがえる。葛城氏が指摘するように、千代子は「悩みや苦しみを表にださずに、きわめて自制の効いたタイプの女性である」。

このように千代子が、自ら身をひき、「心の傷」を秘めたまま諏訪を去って、新天地へ向かったということは確かである。だが、千代子の行動の主要な側面をここからだけ見ていると、その後の千代子の行動の説明がつかなくなる。とくにこの見方は、仙台への「脱出」は説明できても、その後、「突然」のように東京女子大に転出（編入学）する根拠はにわかに弱くならざるを得ない。

キーワード　諏訪高女で千代子は、すべての課目で成績優秀であったが、土屋文明の授業を受けて英語が抜群であったという。この女学校時代に、千代子は、これからの世の中をよく見ていくためには語学（英語）の勉強が欠かせないという考え方に立つようになる。恋愛問題の悩みをもちながらも、「担任教師の三宅秀（奈良女高師出身）に、東京の女子大に進学し、英文学をもっと勉強したいとももらしていた千代子」（東栄蔵著『伊藤千代子の死』）であった。その帰結として英語の勉強のできる東京への進学を考え、実行に移している。先の「手紙」の最後を見よう。「語学は私にある明るさを与えてくれる」と、英語を介して知る世界の広がりを語り、「学習はまだ、ほんとうに微々たる小さな歩みだしです。しかし、それが私自身のものであることを思うと、したいし、かじりつきたい位な気持ちを起こします」と書きとめている。それを裏付けるように、手紙には千代子が関東大震災の時、東京にいて、女子英学塾（現在の津田塾大学）を受験していることが判明した。千代子の「突然」とも思える行動を解くカギは、「英語の勉強」というキーワードをつかって解くことができる。

千代子は、東京の女子大を目指したかったのであろう。しかし英語の基礎学力とくに英会話が不出来で、二度、女子英学塾を受験したが不合格であった。そのあと「突然」仙台へ向かったのである。

仙台からの「脱出」　「よ志子さん突然こちらにきました。……も早一八日経ちます。ミッションです。アメリカ婦人を校長に頂き、あまり名も知られず小さな学校です」。

しかし、やがてその「眠ったような杜の都」での勉学にあきたらなくなる。「やっぱり私はどうしても東京へいきたい。……ともかくどうした方面かに動かねば、動いてみるだけでも見ねば、止むことのないような動きの時代が私たちにもやってきている、……」。自らの進路を必死に模索している千代子が見えてくる。その千代子が「動いた」方向は、社会の矛盾の原因を知り、その矛盾を解き放つ「方向」への模索であった。葛城氏は言う。「まことに仙台生活は千代子にとって将来へのジャンプ台でした」。

東京女子大英語専攻部二年への編入学　こうして千代子は、一九二五（大正一四）年、二〇歳の年に、東京女子大の編入学試験に合格して英語の本格的な勉強に入った。

「よ志子さま、諏訪も緑の世界でございましょう。……武蔵野の野に林につづく草原に立っている学校でございます……」。大学の寮からのもので、千代子がよ志子さんにあてた、最後から三番目のものである。原稿用紙三枚にびっしりと書きこまれている。恩師との恋愛の挫折という「心の傷」を負って諏訪を出た千代子が、英語の勉強を続けながら、ついにその呪縛から解き放たれた瞬間である。そして、その手紙は、「真摯(しんし)な山の国の人々！　私も負けずに山の国を古里とするものとして、励みたいと思っています」と結ばれている。千代子の新しい出発宣言ともいうべきものである。

細井和喜蔵からベーベルへ　どうしても東京へ行って勉強したい、と思って東京女子大に入った千代子は、それまで培ってきたものを一挙に花開かせていった。持ち前の負けず嫌い、人一倍の向学心、粘り強さをもって、むさぼるように勉学と読書に打ち込んでいく千代子がうかびあがる。千代子二〇歳。そして、千代子からのよ志子さんへの最後の手紙が届く。

「お手紙ありがとうございます。忘れてなどいたのではございません。……女は知能、生理的すべてに男子に劣るなんて――、劣るような原因はぬきにしてすぐ結果ばかりいう論理がございましょうか。美しい催眠術にながい間かけられてきたにすぎないのです。ヴェーヴェルという人が実に痛快に『婦人論』の中に述べてあります。お読みになることをおすすめします。……今日は午前中試験が終りましたので、午後から細井和喜蔵氏の『工場』を読み了りました。この人のは『女工哀史』というのもあって、粗野な荒けずりな原始的とも云ひたい気持ちの中の人間もピチピチと丈夫で元気な丸々しい新鮮な感を与えてくれました。女の人が覚める時、深い深い眠りから、男子の催眠術から、そしてまず自己の自己に対する催眠術から覚める時、どんなに素晴らしい新しい世の中が展かれてくることでしょう。……」

ここで千代子から「心の友」への手紙は終わった。この手紙でも読みとれるように、千代子がすでに、ベーベルを読みこなし、日本の労働運動と格闘していた細井和喜蔵の『女工哀史』『工場』を読んで、女性が目覚める時、どんなに素晴らしい新しい世の中が展かれるか、という観点に立つところまできた。

こうして、千代子は、新しい跳躍台に立った。大学の社会科学研究会に参加、そしてそのリーダーとなり、マルクス主義学習会へとすすむ。同時にそこで学んだことを実践に生かす方向へ足を踏み出し、率先して日本共産党に入党、治安維持法下の非公然活動に入っていった。党活動をはじめてわずか一五日、突然の三・一五事件の大弾圧にさらされることとなった。

友よ！　よ志子さんへの次の手紙は、別のところから届いた。それは千代子が「主義者」となり「お上にたてついて」捕らえられ、「獄死」したという上條（旧姓、川上）茂からのものであった。しかし、よ志子さんは、千代子の肉体としての死は認めたが、「心の友」の死は認めなかった。千代子のよ志子さんとの八年間の手紙の交換は終わったが、それは千代子が自らに課した新しい任務——社会変革の実践活動に入っていて、手紙を出せなかったからであった、と見るのが真実であろう。千代子が、獄中からいとこの岩波八千代や又いとこの平林せんらに書き送った大量の手紙とその内容から見て、千代子に時間が許されれば、かならず「突然」また「心の友」に手紙が届けられたであろう。しかし、千代子にはその時間が与えられなかった。

葛城よ志子さん（右）と誉子さん
（伊藤千代顕彰碑近くで。1997年７月）

「昔も今もまた明日も、変わりない同じ懐かしさで、聡明なりし、美しかりし人の、今日も亦明日も、健在ならんことを、切に思う」。束ねられた「心の友」の手紙によ志子さんの後書きがしたためられてから幾星霜、一九九七年秋、生まれ故郷を見下ろす高台の「伊藤千代子顕彰碑」建立除幕の綱を引き、三女の誉子氏に支えられて千代子の墓と顕彰碑の前に立つよ志子さんの姿があった（**写真**）。「心の友」によ志子さんはこの時何を語りかけていたのであろうか。ではこれから千代子の駆け抜けた青春を彼女の「手紙」でたどっていくことにしよう。

第三章　「ある小さなもくろみ」

伊藤千代子は、諏訪高等女学校を卒業した一九二二年四月、隣接の上諏訪町立高島尋常高等小学校の代用教員として一年生の授業を担任しました。諏訪高女時代に土屋文明の英語の授業をうけ、〝東京の女子大で英語の勉強をしたい〟ともらしていた千代子が、どうして諏訪にとどまったのでしょうか。そして二年後「突然」仙台へ出立したのでしょうか。

一　千代子先生

伊藤千代子はなぜ「東京の大学」へ向かわずに、諏訪に残って高島尋常高等小学校の代用教員として働きだしたのだろうか。（以下文中〔　〕内は藤田）

『イエローローズ――伊藤千代子の青春』の著者葛城誉子氏は、「松本〔女子師範学校〕に転任したあとも、川上〔先生〕はたびたび中州〔村〕を訪れた。知らせがあると、千代子は会いに出向いた様子が〔手紙で〕うかがえる。やがて彼女は女学校を総代で卒業する。しかし川上茂からは積極的な結婚話も出ずじまいで、高島小学校に代用教員として勤めることになった。就職は千代子が強く望んでいたのではないようだ。〔川上茂との〕結婚までの目的の定まらない時期を、とりあえず自活していたかったらしいことが次の手紙でわかる。代用教員は当時の女性には恵まれた働き口といえる。もちろん学校推薦である」と書いている。

恩師川上茂との結婚話の帰趨(きすう)を見定めるために、諏訪に残って代用教員として働いたという、葛城氏の考察は、千代子のよ志子さんへの手紙の分析に拠っていて説得力がある。

とまどう千代子先生　その手紙で千代子は、自分がそんなに深い理由があって勤めに出たのではない、と言って、言外に自らが望んで代用教員になったのではない、ということを伝えている。何よりも教育実践の経験をもたなかった千代子である。相手が一年生では戸惑いの連続であったことがうかがえる。又いとこの平林せんは追悼文のなかで、「〔小学校近くの〕温泉寺の丘で子供たちと一緒に湖水〔諏訪湖〕を眺めて、子供達に問われる事がなんであるかわからなくて、いいかげんな答えをして種々考えた事などあったと思い出した様に云ったりして」と回想している。

弁当のない子と分けあって　「高島小学校は諏訪郡で一番大きな小学校で、当時田中一造校長ほか五十二人の教師がおり、すぐれた教育実践で知られていた」（東栄蔵、諏訪二葉高校同窓会誌「天つ野」五二号所収）。そのなかの一員として千代子は精一杯の努力をしている。東氏は、同所収論文のなかで、同校で一緒に一年生を教えていた田中修一学年主任（当時二八歳）の回想を伝えている。「茫茫(ぼうぼう)五十余年の昔のことだが、伊藤千代子さんのことは心の底に忘れがたく刻まれている。彼女はいつも黙って人の話を聞いているか、熱心に本を読んでいたが、心の奥にひたむきな何かを秘めたこの沈黙の表情には気品があった。また子どもたちを愛し、彼女だけは弁当をいつも教室で子どもたちとともに食べていたが、貧しい子どもに自分の弁当を分けてやっていたらしい」と。

二　わたしには「ある小さなもくろみ」がある

代用教員一年目の一一月頃、伊藤千代子は長い手紙によって二つの意中をよ志子さんに伝えている。

「よ志子さん。ながい静かな夜が来ました。……

〝今こそ、これからこそ、お前は一人で行くのだ！〟昼も夜も、絶えずこの声が聞こえるようになったのも近頃です。それだのに私は淋しいのです。弱くてはならない、弱くてはならない、と絶えずつぶやきつづけているような思いで居りながら、ともすれば足を止めて大きな息をしようとするような、弱い自分を見出します。」……

「年寄りくさい考えをするにあたらない。徒らになげき淋しがる必要はない、と近頃つくづく思います。私は近頃、ほんとうに若くありたい、若い時代を若く生きたいと考えるようになりました。先輩達の読むものを読んで、その成熟したものを自分も味はうとするような心ばかりで生きていくことは、やたらに心を暗く淋しいものにして来たことに気がつきました。この私の考えはある具体的な問題について、私が迷いに迷って考えに考えた結果得たものですが、先日、〔島崎〕藤村の『飯倉だより』の中に全く同じような気持ちを発見しました。……

よ志子さん。今どのようなものをお読みですか。

私は読むことを一時やめました。

ある小さなもくろみの準備としての英語を専心やって居ります。

語学は私にある明るさを与えてくれます。

ほんとうに微々たる小さな歩みだしです。しかし、それが私自身のものであることを思うと、したいし、かぢりつきたい位な気持ちを起こします。……

近頃私は、あなたにばかり話しかけておりますね。なぜかよ志子さんは、私にとって一番話しいい人のような気がするのです。

〔川上茂〕先生にはもうながく一寸も〔文を〕上げません。永久に上げまいとさへ思っています。誰にも黙ってて下さい。ただあなた一人にだけ。先生にはむろん。又かきましょう。　さよなら」

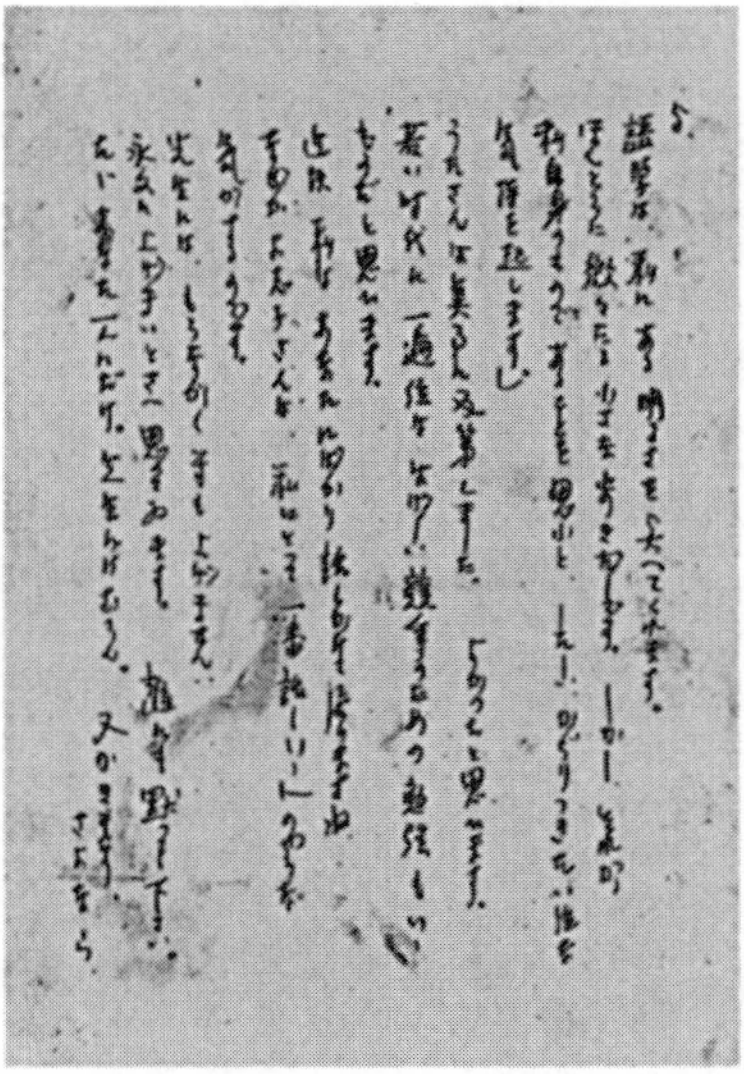

（「手紙」は本頁１行から終り迄の部分）

『飯倉だより』との出会い　千代子は代用教員を続けるなかで、島崎藤村の『飯倉だより』に出会い、自己分析をおこない、「若い時代を若く生きたい」と考える自分を見いだしたのである。ここで千代子は背伸びしていた自分を発見した。それは千代子が小学五年生からうけた教育環境によるものであろう。

この時期、千代子に川上との背伸びした恋愛についての反省が生まれはじめていることがうかがえるようである。

「ある小さなもくろみ」　さて、この手紙で、千代子が、よ志子さんに伝えたある重大な二つの決意の帰趨はどうなったのだろうか。

その一つである「ある小さなもくろみ」は確実に実

行されていく。代用教員として教えるかたわら、〝かじりつきたいほどの気持ちで専心英語の勉強〟に打ち込んだ千代子は、「微々たる歩み」ではあるが、翌一九二三（大正一二）年、三月と八月末（直後に関東大震災に遭遇）の二回上京し「女子英学塾」の受験に挑戦している。そしてその翌年、仙台、尚絅女学校高等科英文予科に入学を果たした。さらにその一年後には、東京女子大英語専攻部二年の編入学のテストに合格するのである。初志はこのように貫徹されていった。

川上との関係に終止符　もう一方の川上茂との恋愛問題は、一九二三年、つまり千代子が代用教員二年目の四月八日、川上が上條家に婿養子に迎えられたことで終止符が打たれた。彼は、「大正十年（一九二一）三月三十一日、松本女子師範学校訓導に抜擢（ばってき）され、ここに在職中大正十二年四月八日東筑摩（ちくま）郡本郷村大村（現、松本市）上條家に婿養子縁組をしやすゑ夫人と結婚し、上條姓となる」（市川本太郎著『長野師範人物誌』）のである。

三　訣　別

では、伊藤千代子はこの川上茂との恋愛問題をどのように締めくくったのか。ちょうど一年前、「先生にはもう永久に一寸も〔文を〕あげまい」とよ志子さんに書き送った千代子であった。その千代子が恩師川上の結婚の事実を知らされて何を考え、何を語ったか。そのことについても千代子の口から、つまり、よ志子さんへの手紙で語らせることにしよう。

ここに一九二三年一一月九日付で書かれた便箋一二枚の手紙が残されている。千代子がよ志子さんに書き送った手紙のうちで一番長いものである、と葛城誉子氏の言うそれである。その一部を紹介しよう。千代子の痛いほどの気持ちが伝わってくる。

「お手紙ありがとう存じました。久しぶりで、ほんとうになつかしく拝見いたしました。……たしか〔川上〕先生が御結婚なさったのは、三月の末頃〔実際は四月八日〕でございましたね。私はそれをあなたからはじめてお聞きしましたね。その時の私のおどろき、なぜか全くおどろきました。……私は余りに理想の中を、余りに美しい中を歩いていました。むしろ空想の中を歩いていました。世間の外を歩いていました。その時、私ははげしく私自身の中に起こって来た、ある他の道を求める心につけ入れられたのです。どうにもならなくなって了ったのです。むろん私の心は二つに分かれました。

最後の私が見た先生は、余りに現実的でした。

余りに遊戯的気分がありました。

他人の人格を無視した、タイラント式でした。

私は、とうとう私の本体を表して了いました。

別れる、という事を、私は申し上げました。

しかし、最後まで私はそれでもいいという心を持っていました。

が、何よりも私の心を断ち切ったのは、最後に、私が行って、

私の口から「私はいやです」という迄、それ迄も、

その瞬間迄も、まだ、先生が己惚れの為か、他人の人格を無視し、

遊戯的気分を離れなかったという事です。

しかし、私は勿論、私の落ち度として、私の短気だったこと、また、離れるとしても、他にもっといい方法（実の所私は理由もなにも言わなかったのです）があったのに。

只「いや、いや」の一点張りで押し通して了った罪を認めます。

しかしそれも私の幼さから許して貰えるような気がします。

しかし、それが許して貰えたにしろ、理屈でなしに、私は自分の罪を承認し、おわびをしています。

けれど、私は利己的に、自分本位にみる時は、私は悔いてはいません。

が、こんな私がもし先生と偽った結婚をした事によって、私の罪は今より少なかったといえるでしょうか？

しかし、とにかく私は今やっと、一年かかって自由になりかかりました。すべては「時の力」です。私が先生に負わせたキズもまたこの親切な「時」が一ケ年だけ軽くしてくれたに相違ありません。過去をして過去と――。

私はしなければならない仕事を自由にするだけの自由と、責任を持てることを自覚しなければなりません。

よ志子さん、これですべてです。

書物で、事実として、他人の経験として心を躍らせていた、人の世の事実を、私は全く夢のように経験し、体験して了いました。全く一瞬にして。どうぞ、批判なり何なりして下さいませ。……が、やっぱり、尋常五、六年頃はなつかしい。あの頃の先生もなつかしいものです。美しい夢のようです。

ずいぶん書きました。これではまだまだもの足りません。たったこれだけ書くにも、まだ、見せかけの心が働いていていけません。虚栄心が出て来ていけません。辱しく思います。
ずいぶんとお寒くなります。御体をお気を付けなさいますよう。　かしこ
十一月九日夜　ちよこ
よ志子様」

伊藤千代子の川上茂との恋愛は、級友たちの羨望の的であった。それへの陰での中傷や誹り(そし)に対する苦衷を千代子は何度もよ志子さんに書き送ってきていた。そしていま、千代子は羨望の裏がえしとしての哀れみと嘲笑の渦のなかにあった。千代子は一気に孤立した。そのうえ千代子は、川上の結婚の事実を、よ志子さんからの手紙で知らされた。川上は、諏訪の教え子たちには結婚の挨拶状を送ったが、千代子にはその手紙はついに届かなかった。だから、あの正確さを期す千代子をして川上の結婚時期を「三月の末頃」としか書けなかったのである。この屈辱に千代子はじっと耐えるのである。しかし、千代子は、すでにそれをのりこえて自らに課した「ある小さなもくろみ」をバネにして立ち上がっていきつつあったのである。

そして半年経って、ふたたびよ志子さんからの励ましの手紙が届いた。それに応えて千代子は自分の心境のありのままを淡々と「心の友」に語ったのである。それはかつての恩師であった人への痛烈な評価であった。よ志子さんに語りかける千代子は、そのショックをのりこえて、客観的に自分を見、また川上を見ることができるところまできた。こうしていま、純粋に、真剣に追求してきた恋愛は無残な「敗北」に終わったが、千代子は「川上先生」の呪縛から自らを解きはなち、「自由に笑い、自由に考えられる」自分をとりもどした。それまでに満一年かかったのである。そして「ある小さなも

くろみ」の準備をすすめ、「しなければならない仕事を自由にするために」翌年春、仙台、尚絅女学校へ向けて出立した。

【満蒙開拓青少年義勇軍と「大地の子」に寄せて】

上條茂は、結婚後、修身の授業に国定教科書を使わなかったという理由で川井訓導が文部省当局から追及を受けた時（一九二四・大正一三年、川井訓導事件）、それに抗議していったん退職するが、やがて復職し、一九三六（昭和一一）年、長野県視学に栄転し、戦中は信濃教育会の中枢にあって国策を推進する立場に身をおいた。信濃教育会は戦中の「満蒙開拓青少年義勇軍」の送出を県当局より熱心に教師に強制し、全国一の約七〇〇〇人の青少年を送り出した。その内の二割の一四〇〇人余が「満州」の荒野に骨を埋め、無数の「大地の子」（中国残留孤児）をつくりだした。その後の彼が戦争責任も問われず、公職追放もうけず、反省のないまま再び長野県教育界の中心にかえりざき、戦後の教育政策の遂行にあたっていくのである。

伊藤千代子は、かつての川上（上條）茂の教えどおり貧しい子らと弁当を分けあった。その上條は、のちに平林たい子については回想し、書き残しているが、伊藤千代子についてはついに語ることはなかった。

第四章　仙台、尚絅女学校にて

伊藤千代子は川上茂との恋愛に挫折し心に深い傷を負いながらも、諏訪高女時代に自らに課した「ある小さなもくろみ」のために新たな行動を起こしました。そして、一九二四（大正一三）年に入って千代子からよ志子さんに突然、仙台発信の手紙が届きました。

「突然こちらへ来ました」　よ志子さん、突然こちらへ来ました。四日の夕方に。も早十八日経ちます。ミッションです。アメリカ婦人を校長に頂きあまり名もしられず小さな学校です。明るすぎる位明るい中で相変らずの調子でいます。こちらの山や木は大規模な美しいものです。とても諏訪にいた〔の〕では想像もつきません。場所は仙台駅を北一里の極静かな岡や底地に包まれた広せ〔瀬〕川のほとりです。ミッションといっても、あの諏訪のあたりの教徒に見るような濃厚な気分はいたしません。快感を覚える様なものです。しかし私のような異教徒にとつては好奇心を除いたらすこしの興味も何もなくなって了いますけれど。一番盛んなのは音楽です。キリスト教徒は実に明るい華〔や〕かな活気のあるものです。寄宿生活というものもはじめてです。

このよ志子さんへの「突然」の手紙は、仙台の寄宿舎から五月二二日〔頃〕に発信された。そのなかで伊藤千代子は勉強する学校がミッション系（バプテスト派）で、「アメリカ婦人〔ミス・ジェッシー」を校長に頂き名もしられず小さな学校です」と書いている。千代子がこの学校を選択した事情はまだ十分に明らかではない。しかし、前年、土屋テル子の母校女子英学塾を二回受験して不合格、その主要因が会話の不出来によるものであったことを考えた時、英語教育で定評があり、この頃広く全国のキリスト教関係者の紹介で学生を受け入れはじめていた尚絅（しょうけい）女学校をすすめたのは土屋テル子であったと考えて間違いないだろう。そしてこの選択は、次に見るように英会話をはじめとする英語の勉学で抜群の成績を修めたことで正しかったといえよう。

一　学籍簿の発見

その伊藤千代子が、一年間学んだ仙台、尚絅女学校の「学籍簿」が、尚絅女学院短期大学（宍戸（ししど）朗（あき）大（ひろ）学長・当時、現、尚絅学院理事長）の尽力により七十余年ぶりに「奇跡的に」発見された。その「高等科英文予科」の学籍簿には次のような記載が見られる。

現住所　長野県諏訪郡湖南村四三五四
原　籍　現住所同じ
族　籍　平民戸主
職　業　農業
父母若クハ後見人　伊藤よ祢　孫　伊藤千代子（明治三八年七月二一日生）
入学前の学歴　長野県諏訪高等女学校卒業
保証人氏名　〔空欄〕

入学年月日　大正十三年五月六日（四月の四を消して五と訂正）
卒業年月日　大正十四年三月三十一日
席　次　二番

わずか一年間という短い期間の勉学であるが、こうして尚絅女学校での千代子の足跡が明らかになったことの意義は大きい。それは「ある小さなもくろみ」の準備のために、千代子が必死になって英語の勉学にとりくんでいる姿がうかびあがってくるからである。では、最初に、この学籍簿で明らかになったことを見よう。

高等科英文予科（修業年限一ヵ年）入学の特定　この年、英文予科に入学したのは、千代子を含めて一六名（後出、級友加藤満さんの記憶では二四名）。その出身県を見ると、地元宮城県の一〇名（一女校、二女校）を筆頭に千代子（長野県）の他に遠く鳥取県、滋賀県、そして神奈川県、岩手県、福島県から各一名が入学している。前年には、山口県、神奈川県から各一名が、翌年には東京府からの入学者も見られる。県外からの生徒数は少ないが、全国に尚絅女学校の存在が知られていたことがう

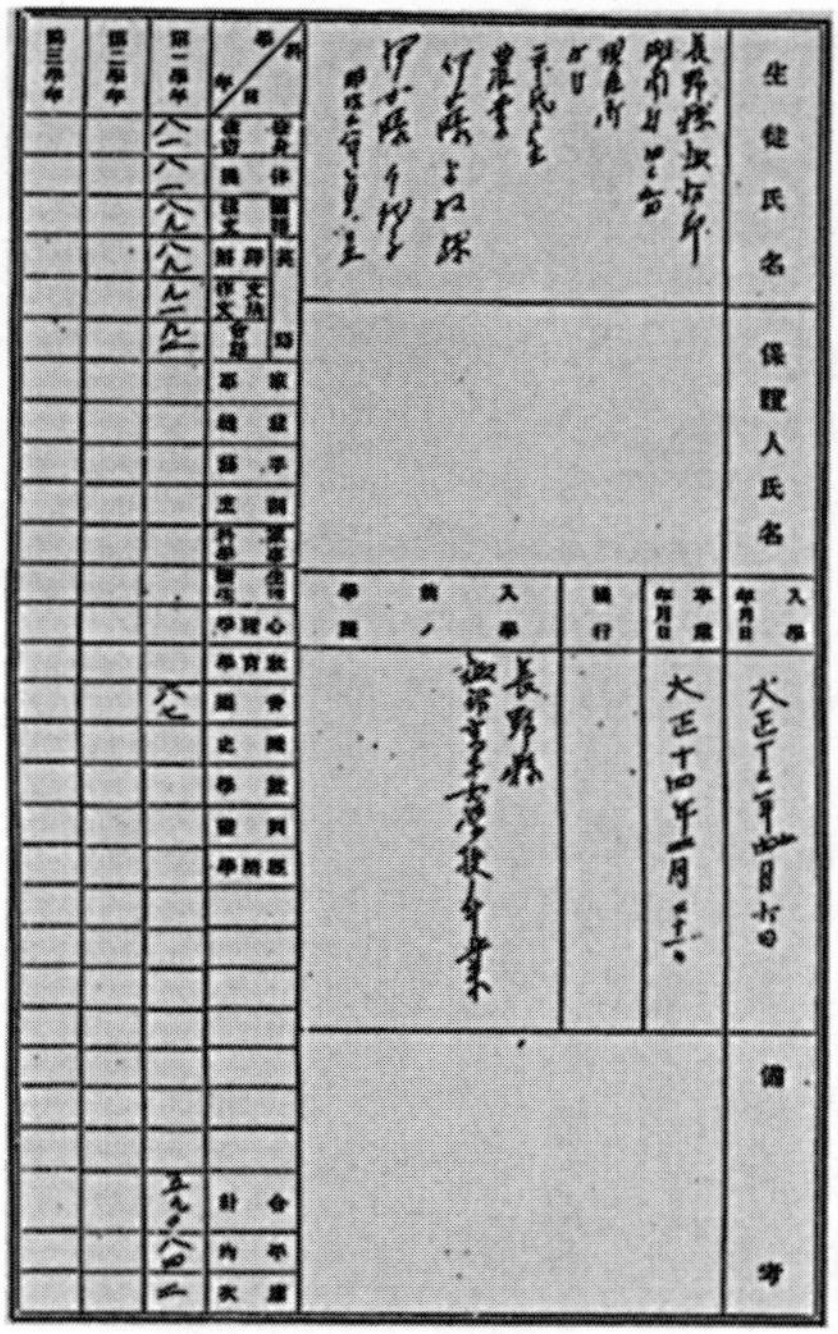

伊藤千代子の学籍簿
（提供：尚絅女学院短期大学）

加藤満さん（左）、義娘阿幸さん（中央）、インタビューする鈴木楫吉氏

かがえる。

席次・二番　千代子の全教科の総平均点は八四点、その内訳は、修身・聖書八一点、体操八一点、国語・漢文八九点、英語：解釈八九点・文法作文九一点・会話九二点、音楽六七点、合計五九〇点である。千代子の苦手の体操・音楽を除けば平均点は八八点に、英語だけをとれば九一点である。

この成績は入学の遅れを取り戻して英語を中心に脇目もふらずにとりくんで到達した結果である。

保証人欄の空白　千代子は入学までに保証人を得られないまま入学したようである。同校の学則には厳しい保証人規定があり、千代子の場合、なぜ保証人欄が空白のままだったのかについては推測の域を出ないが、強力な推薦者、つまり土屋テル子の存在がここでもうかびあがる。

五月入学の謎　この「学籍簿」の発見で、千代子が、他の入学生から一ヵ月も遅れて五月六日入学であったことが判明した。学籍簿の「四月」の四に斜め線が引かれ五に訂正されていたのである。その事情とは何か。この年の四月、よ志子さん宛の手紙で「学校はやめました。病気の為ばかりではございません」と書き送ってきた。この病気は肋膜炎の再発であった。そのため四月の入学に間に合わず五月入学となったのである。

それを裏付ける証言がある。当時のクラスメイトで千代子を尊敬し、東京女子大の寄宿舎まで訪ねて行ったことがあるという加藤満（みつ）さん（埼玉県所沢市に在住、当時九八歳）は「伊藤千代（ママ）さんは、私が尚絅予科の時に信州から入学してきました。途中入学でした。ひと目で賢そうな落ち着いた感じの人で、少し赤ら顔のように覚えています。入学当時の千代さんはお姉さんのような感じで落着いていて立派に見えました。クラスでは一女高（宮城県立第一）出身者が多く、はばを効かせていて、私たち二女高は肩身が狭く、いじめもありました。千代さんはそれをかばってくれました。ですからひじょうにフレンドシップを感じていました」と語っています（同校卒業生、その後尚絅女学校、恵泉女学園で教鞭をとりＹＷＣＡで要職にあった千葉シン先生のご紹介により二〇〇四年九月二四日インタビュー）。

二　尚絅女学校

伊藤千代子の仙台、尚絅女学校入学については先行する研究はなかった。藤森明著『こころざしいまに生きて――伊藤千代子の生涯とその時代』（一九九五年、学習の友社）の出版のおり在仙の知友鈴木揖吉氏（宮城県学習協議会理事長）の協力により、学校の沿革、往時の学校の写真等を入手でき、それは藤森氏の著作に生かされた。そしてこの「学籍簿」の発見からその後の尚絅女学校での千代子の足跡調査にあたって鈴木氏の全面的な協力を得た。

「奇跡的」発見　鈴木氏は、二〇〇一年五月下旬、尚絅女学院高等学校（仙台市、中等学校も併設）を訪問したが同校には戦前の資料がないので、女学院本部か短大に照会されたい、との回答であった。その結果、「伊藤千代子の学籍簿が尚絅女学院短期大学に保存されている。尚絅女学校高等科英文予科に大正十三年五月六日入学、翌十四年三月卒業」との事情が鈴木氏あてに知らされてきたのである。本章の冒頭、私は千代子の学籍簿が「奇跡的に」発見された、と書いた。『尚絅女学院七十年史』によると「終戦直後、一時米軍により校舎が占拠された際、七十二時間の期限つきで急ぎ書類や用品類を分散移動せねばならなかった」、つまり、一九四五年九月、連合軍進駐部隊に全校舎提供の命令が下り、学校資料の搬出にあたってたった三日間の猶予しかなかったのである。こうして戦前の学校資料を多く失うという事情のなかで、高等科の設置、とりわけ修業年限一年の「高等科英文予科」の発足直後の資料が保存されていたこと自体「奇跡的」なことである。

尚絅女学院短期大学訪問　こうして同年六月下旬、仙台市南端に広がる丘陵地、名取市郊外にある同校への訪問が実現した。そこで宍戸朗大学長、阿部達（とおる）事務長（いずれも当時）から、千代子らが学んだ当時の学園の状況とともに、学籍簿に記載された内容についての説明をいただいた。

学長は、同学院がすでに一〇〇周年を迎え、いま『尚絅女学院一〇〇年史』の編纂がおこなわれていて、その編集会議の席上、千代子の事跡をとりあげた「しんぶん赤旗」日曜版（九九年六月二八日号）が紹介され、本校の戦前の卒業生がこのように高く評価されていることが話題になった、と告げられた。このことから学院側でも千代子の調査を一定すすめておられたのであろう。鈴木氏の照会に対して間髪をいれず返事がいただけたのはこのような事情があったからであろう。そして初対面の私たちの質問に、学長自ら資料室におもむき『むつみのくさり』（当時の同窓會誌）などの資料を持参されて答えていただいた。そのうえ、進行中の『一〇〇年史』のゲラ刷りの一部分（一九一〇～二〇年代）の閲覧も許可され、『七十年史』の見直し補強のうえに新たな観点にたって意欲的な編纂がなされようとしていることがうかがえた。

そのおりの調査では、千代子の「学籍簿」の内容が中心であったが、懇談のなかで千代子らのおかれた学習環境をより精確にとらえることができた。さらに、その後も仙台での千代子の事績調査の糸口についての資料が提供されつつある。学院側のご好意に感謝の意を表するものである。

学習環境　初期の高等科英文科の卒業生たちは、「私達初期の者は随分勉強させられました。無試験検定の準備のためもあって、勉強は猛烈でした。ことに県立女学校出身のものは、予科の授業については、苦しい思い出ばかりです。ジェッシー、エーカック、アレン、ニューベリ等の先生方の云うことを理解するのに一生懸命でした。使用教科書は程度の高いものばかりでした。ジェッシー先生の授業は大学の授業のようで、私共を大学生として取り扱われたのです」と語っている（『七十年史』「英文科の授業」）。千代子が尚絅女学校で学んだ一年間の勉学の環境はこのようであった。

三　どうしても東京へ行きたい

尚絅女学校卒業直前になって、よ志子さんに伊藤千代子から新しい手紙が届いた。そこには千代子の新たな決意が書き連ねられていた。

一九二五（大正一四）年二月尚絅女学校卒業直前

「よ志子さん。お葉がきありがとう存じました。ほんとにひさしぶり。

昨年の十一月石切町へ移りましてからすっかり皆様に失礼して居りました。……

私は又この静かな東北の街を逃れ出たいとしきりに思いあぐんで居ります。このよい町は私の、心を静めてくれ、培ってくれましたが、それと同時に又何かしら物足らない底の知れてるやうな心持を与えました。やっぱり私はどうしても東京へ行きたい。一寸でもよいから東京へ行きたい。沈殿し、この行き詰まったこの気持ちをどこかへ行って逃れたいと思うこの気持ちはどこまで行ったらなくなるのかと思います。或いは全く生活を変えて了はなければ得られるものではないのかと思います。それを思うと学校生活もすっかり意味を失って了います。いずれ又。」

まず「石切町へ移りました」。千代子は、友人の斉藤なを子とともに学校から一〇分ばかりの松生(まついけ)義勝先生宅に寄宿した。この事情も長く不明であった。しかし鈴木氏の克明な調査によりその事情が明らかになってきた。松生は東北大学理学部研究員時代に人力車引きのアルバイトをしていた。ある時ミス・ブゼル(尚絅女学校初代学長)は車夫(松生)が時間待ちに原書を読んでいるのに驚き、尚絅女学校で教えることを依頼した。松生は女子学生に人気があり、「生徒はよくなついていて面倒見のいい先生でした。先生は一般の先生より外に広く目をむけられていた方です」(加藤満さん談＝前出)。松生は女子の上級学校への進学の必要性を説き、進学勉強の手助けをしていたことが明らかになった。千代子がその年の一一月に松生宅に寄宿したのは、次なる行動へのステップであったのである。そのことは一緒に寄宿した斉藤なを子が東京女高師に進学したことでも明らかである。その後、松生義勝は、戦後昭和二〇年代に東京水産大学の学長を務めている。

四　新しい「動き」の時代がやってきている

一九二四(大正一三)年八月　帰省中の諏訪から

「よい気候の時がまいりました。先日はお手紙ありがとうございました。その後はいかがでございましたか。再び諏訪を発つ日も近づきつつあります。又今年もこのままお逢いする時もなく終わることでしょう。……

ともかくどうした方面かに動かねば。動いてみるだけでも見ねば止むことのないような、「動き」の時代が私たちにやってきているように思えます。その中でお嫁に行くのが最もかしこい安全な道らしゅうございますね。こうして動きつつある友人達や自分を思うにつけ、やっぱりタイさんは先駆者だと思います。何をおいても出て行った力というものは、得ようとしても得られぬ天分とも言うべきものだろうと思います。

併し、前途は……よ志子さん、つめたい身震いが背をつたいます。

お互いにしっかり進みましょうね。　　八月二九日　　中金子　ちよこ」

夏休みに帰省した伊藤千代子は、よ志子さんに続けて二通の手紙を書いた。掲出した手紙は、諏訪を離れる直前の二通目のもので、ここで千代子は、諏訪高女の卒業式の日に堺利彦、真柄を頼って夜行で上京した平林たい子の捨て身の動きに接して大いに心を動かされ、激動の社会の動きに自分自身を向き合わせていく様子が見られる。たい子は、働きつつ社会運動に入りメーデービラまきで検束、関東大震災時に予防検束、市ヶ谷刑務所に拘留され、東京から退去を命ぜられた。ついで中国大連へ渡り、内乱予備罪で検挙など惨憺たる生活を続けていた。

千代子は、ここで「ともかくどうした方面かに動かねば。動いてみるだけでも見ねば止むことのないような、『動き』の時代が私たちにやってきている」と書き、激しく揺れ動く社会に目を向けはじめている。そして、この「動き」の時代に、東京では、すでにたい子が社会運動に身を挺している。

それを知った千代子は感動し、「やっぱりタイさんは先駆者だと思います」と書くのである。そこには、たい子への共感とともに、彼女らに伍して自らも「どうした方面かに動かねば」と問いかけているのである。「しかし、前途は……よ志子さん、つめたい身震いが背をつたいます」と結ばれている。この道の選択は投獄さえも覚悟しなければならない「つめたい身震いが背をつたう」ような現実である。「なにをおいても出て行った」たい子が、東京でどう行動し、その結果、どういう弾圧を受けたか、それを知ったうえで、なおかつそれに共鳴していく千代子であった。

そのたい子らのいる首都東京には、「ある小さなもくろみ」としてかかげた英語の勉学をすすめうる有数の女子大がある。さらに高い水準の英語勉学の可能性がある。こう考えると矢も楯もたまらなくなる。こうして、千代子は、杜(もり)とやさしさに包まれた仙台、尚絅女学校での英語の勉学で抜群の成績を修め、その実力のうえに立って東京女子大英語専攻部二年の編入学試験に挑戦し合格した。この年、同大学の入学試験東北会場(尚絅女学校)から合格したのは千代子と三瓶孝子(さんぺいこう)(福島高女卒)の二人だけであった。

思想的成長への萌芽　私は、これまで千代子のいくつかの手紙を紹介してきたが、その多くは社会の矛盾に対する萌芽的な関心は示されてはいるが、まだそれに前面から向き合うというところまできていなかったと見ていた。この時期、ロシア革命、米よこせ運動の全国的展開、小作争議の頻発、そして代用教員時代、信州では自由主義教育への攻撃がはじまり、その帰結として文部省の意向をうけた調査官による「川井訓導事件」を通じての信濃教育会への攻撃など激動の社会状況のなかにあった。しかし、これまでの千代子の手紙を読むかぎり、そういったことへの言及も関心も示されていない。それは千代子がまだ、因習的な古い道徳律に縛られた農村の思潮と、まず川上茂との恋愛問題を、そして、親戚のすすめる結婚話、「女子が勉強などして何になるずら」というような風潮と向き合い、自我を確立していくことに必死であったからであろう。

しかし、この手紙にはこれまでと違った千代子の強い意志が見られる。これまでの論考では、千代子の思想上の飛躍は東京女子大時代とされてきたが、鈴木氏も私もその萌芽はすでにこの尚絅女学校時代に醸成されていたのではないか、と考えている。

「川口校長時代の問題の二つ目は、一九二〇年代にはじまり三〇年代に至るまで日本の若者たちを巻きこんだ、近代思想の高波であった。それが尚絅だけを迂回するわけはない。……少女たちは新しい社会主義・共産主義思想を満載した新聞をむさぼり読んだ。キャンパスの至る所で活発な討論が持たれた。……」(『根づいた花――メリー・D・ジェッシーと尚絅女学院』ロバータ・L・ステイブンス著、河内（こうち）愛子訳　二〇〇三年刊)。河内氏は、二〇〇四年九月の「伊藤千代子没後七五周年記念のつどい」(東京) に山形から参加され、その後、同書による教示をいただいた。この記述から尚絅女学校時代の千代子らが新しい思潮の波に直面していたことが明らかになった。こういう観点から千代子の手紙を読んでみると、先駆するたい子らの社会運動の前途を「つめたい身震いが背をつたいます」と書いた千代子の到達点は明らかであろう。

また、その後の調査で、東北地方有数の同校での社会科学研究会の発展、宮城県で活動した高橋とみ子（一九三四年一一月二一日、宮城県中新田警察署で虐殺）はじめ数多くの活動家の輩出などの背景もうなずけるものである。尚絅女学校時代の千代子の事績研究と学内外の社研活動などは向後の大きな研究課題の一つといえよう。

第五章　東京女子大社会科学研究会

一九二五（大正一四）年四月、「武蔵野の野に林につづく草原に立ってる学校です」ではじまる千代子の「心の友」への手紙が届きました。こうして千代子は念願の「ある小さなもくろみ」を実現すべく武蔵野の大地にしっかりと立ち、心機一転、希望に満ちた大学生活を出発させました。そこには千代子が経験したことのない時代の先端をいく清新の気風がみなぎっていました。

一　開　学

東京女子大学は、明治期の女子高等教育を特徴づけた「専門学校令」による制約があるなかで創立当初から「大学」と命名して出発した。わが国の女子高等教育は、官立の女子師範学校とともにキリスト教、とりわけプロテスタント各派による英語を中心にした教育とその施設によって大きく進展した。当初は家塾・私塾から出発しながら、しだいに高等・専門教育にすすみ女子高等教育の発展に寄与したことは、わが国の女子教育史上特筆にあたいするものである。

東京女子大学は、アメリカのキリスト教伝道局がこうしたプロテスタント系女子高等教育施設を統合して新しく大学として出発させるべく、バプテスト伝道社団はじめ一〇ミッション（伝道社団）が参加して一九一八（大正七）年に創立された。仙台、尚絅女学校はバプテスト系であり、この創立に財政的に協力している。尚絅女学校にも東京女子大への受入ルートができていたのである。

同大学は、当初、東京府豊多摩郡淀橋町宇角筈一〇〇番地（現在の新宿区角筈）に仮校舎を設けて、学長には、当時、第一高等学校校長を辞めたあと東京帝国大学法科教授であった新渡戸（にとべ）稲造が、学監には安井てつが就いた。

受験　安井は全国のミッションスクールに卒業生を入学させてくれるよう要請をおこない、試験場も受験生の便宜をはかって北海道から九州まで九ヵ所のミッションスクールを使った（東京・札幌・函館・仙台・会津・静岡・大阪・岡山・鹿児島）。

伊藤千代子とともに三瓶孝子らが仙台会場で受験したのはこうした事情からであった。三瓶は「東京女子大の入学試験、東北の人は、仙台の領栄女学校というミッションスクールで受けた。入学したのは私と伊藤千代と二人であった」と書いている（『ある女の半生――嵐と怒涛の時代』一九五八年、三一書房）。仙台に領栄女学校は存在せず、彼女の記憶違いである。受験会場は千代子が学んだ尚絅女学校であった。その三瓶は、「私に彼女が特に印象に残っているのは次の理由からである。私が東京女子大学の入学試験を受けた試験場は仙台のミッションスクールであった。彼女はその時一緒であった。彼女の言うには国文学なら長野県にいても勉強ができるが英語はそうは行かないので仙台に来ている。今度は御茶ノ水女高師と東京女子大英語専攻部と両方の試験を受けたと。そんな話を試験場で話したので私はよくおぼえていたのであった。仙台で東京女子大を受けたうちパスしたのは私と彼女の二人であった。彼女は女高師の試験もパスしたが東京女子大に来たといっていた。ちょっと見にはいかにも地方的な感じの人で、地味な勉強家で、頭のよいひとであった。いつもひっつめの髪で、赤い顔をしていた。……東京女子大で私と渡辺多恵子〔後、志賀〕とが社会科学研究会を作ったときの最初のメンバーのひとりであった」と、敬愛をこめて書いている。

清新の気風あふれる学校　新天地に開学した東京女子大は、当時において他の大学・専門学校とは極めて異なった清新の気風がみなぎっていた。伊藤千代子は、そのなかで思想的に大きな成長をとげていくのである。それは主には彼女の自己エネルギーによるものであるが、同時に彼女をとりまく学習・生活環境の大きな変化によって加速され、開花していったのである。

その条件は創立時に新渡戸稲造が学長に、安井てつが学監に就任して東京女子大の教育方針をうちたてたことにある。安井てつは、伊藤千代子らが入学した時にはすでに学長に就任していた。建学にあたって新渡戸は、キリスト教主義を基調にしたリベラルな雰囲気をもつカレッジを構想し、安井はさらに「サムシングのある学校」をめざした。そして仮校舎から独立すべく府下豊多摩郡井荻村（現在の杉並区善福寺）に広大な敷地を求めて新校舎の建設がはじまった。こうして伊藤千代子の入学する一年前の一九二四（大正一三）年四月に新校舎が開校した。同時に新渡戸の国際連盟事務次長就任にともない全学からおされて安井てつが学長に就任した。安井てつは、イギリス留学などで海外の女子教育の実情を見聞し、わが国の女子教育の立ち遅れと男女差別を克服していくための教育のあり方について、当時の教育界のなかでは実にすぐれた見識をもっていた。その安井てつが学長に就任したことによって、安井の教育理念が実践されていく過程に入ったのである。

少壮の社会科学系教授陣　さらに注目されるのは、東京女子大の大学草創期の一九二一（大正一〇）年に大学部に「社会学科」を設けていたことである。そしてその教授陣に当時、少壮の進歩的知識人・学者が顔を揃えていたことである。たとえば森戸辰男、大内兵衛、矢内原忠雄、戸田貞三、菅円吉、松本潤一郎、古在由重など社会科学分野で第一級の講師陣が顔をそろえていたのである（氏名掲出は『創設期における東京女子大学学生の思想的動向』〈東京女子大学女性学研究所編〉による）。

河崎なつとベーベル『婦人論』　また、当時英語専攻部の教師のなかに河崎なつ（戦後、日本母親大会の生みの親）が、大学創立時以来の教授として日本語作文の課目をうけもっていた。塩沢富美子と同年の一九二七年に入学して社研に入った宮崎哲子（後、安東）は、「河崎なつ先生の時間は面白かった。先生も授業は放ったらかしにして『ベーベルの婦人論』をあの早口で面白おかしく紹介して下さった。女の地位も社会の経済組織に従って変化して来たものだということを知って、また新しく私たちは目を開いた」と回想している。福永操によれば、河崎なつは英語専攻部では日本語の作文の課目をうけもっていて、文化学院とかけもちであった。千代子も河崎なつから教わった可能性があり、千代子がベーベルに到達していたこともうなずけるのである。

完全個室の学生寮　中央線の省線電車（後、国電、現、ＪＲ）は、当時ようやく荻窪と吉祥寺間に西荻窪駅がつくられた。中野以西の電車は一時間に二本というもので、生徒はそこから辺鄙（へんぴ）な学校まで約一二町（一・三㎞）の道のりを歩いて学生寮に入った。学生寮は東西に分かれており、千代子は当初東寮に入った（**次頁写真**）。冒頭に紹介した千代子の手紙はこの学生寮から発信されたものである。その寮は、「一九〇の居室がすべて個室であり、……実質的には僅か三畳あまりの小さな空間ながら、寮生の一人一人が誰にも妨げられることなく勉学や読書に励み、ひとりで考える時間を」（『東京女子大東西寮六十年』）もつことができるものであった。学生寮を個室としたのは、安井学長の「勉強は一人でなければできない」という考え方で実現したものである。

このことによって、寮ではまず誰にも妨げられることなく勉学に打ち込める環境がつくられていっ

伊藤千代子が生活した東寮

た。実際に千代子らは、ローソクの灯をたよりに寝る間も惜しんで午後一〇時の消灯時間を超えて学習に打ち込んでいったのである。もちろん、やがてその学習内容が英語を中心とする学校教科から社会科学にかわっていくのであるが。

一九二七（昭和二）年春、塩沢（旧姓、下田）富美子は、青山女学院から東京女子大英語専攻部に入学した。つまり千代子の二年後輩である。その塩沢は、「窓外には、武蔵野の林が毎日少しずつ浅みどりに色づくのを眺めながら勉強に打ちこんだ。食堂とパーラーと呼ばれる談話室では大勢の寮生と顔を合わせた。今までの青山女学院の寄宿舎の修道院式の閉鎖生活から、時間の制限はあつても外出はいつでもでき、寮長を寮生が選挙でえらぶこの開放された生活で新しい空気を吸った」（『野呂栄太郎とともに』）と回想している。

同時に、この寝室を兼ねた個室は、数人から七～八人くらいの学生が集まって話し合ったり、学習する場所をも提供してくれたのである。学校内の社会科学研究会の活発な発展にこの個室が大いに役立ったのである。同大学英語専攻部で千代子と同級生になった福永操は、戦後の回想のなかで「私たちの『社会科学研究会』も、この寮を根城にして、かなりのていどまでのびのびと成長することができた」と述懐している。こういう環境のなかで千代子は、学費の心配以外の自らにふりかかった繁雑な問題から解放されて、これまで以上に勉学に打ち込むことができるようになった。

「ローベン」　塩沢富美子は、一九二七年秋、伊藤千代子が寮を去ったあと、千代子の部屋に移ってきた。「秋も深まるころ、突然千代子さんは寮を去られましたが、その空いた小室に私が移りました。窓際の作りつけの机の引出しをあけてみると、そこにおびただしいローソクの燃えたれが残っておりました。その頃、寮は一〇時の消燈でしたから、そしてマルクスやレーニンの本を読むことは大ぴらにできませんでしたので、夜ローソクをともして勉強していて、それを私たちはローベンと称していました。千代子さんがいかに勉強していたかということを思いました」（『信州白樺』二一号所収「信州への旅―諏訪湖」一九七五年）

知の源泉――学校図書室　さらには、この学校にはすぐれた図書室が備えられていたことである。そこには『改造』、『中央公論』など当時時代の先端をいく進歩的ジャーナリズムの諸雑誌がそろえられていた。千代子はこの図書室で、これまでとはまったく傾向の違うジャンルの知的関心をそそる雑誌、新聞、図書に出会った。つまり、千代子の新しい知識の源泉がそこに用意されていたのである。同級生の波多野（後、是枝、福永。戦前活動のなかでは是枝姓、戦後福永姓。本書では著書等発表時の福永姓を使用）操は、「私は入学早々から女子大の図書室をあさり、クロポトキンの訳書があるのを見つけてさっそくそれを借りて読んだ」と回想している。この学校の学生が新時代の思潮に敏感に感応し、時代を先駆けていくことができたのは、こうした背景、条件があってはじめて可能だったのである。

二　社会科学研究会の誕生

当時、すでに全国の大学、高校、専門学校のなかでは、軍事教練反対や学校の民主化運動、学生自治会運動などがしだいに活発化していた。「そうした動きを反映して一九二四（大正一三）年九月一四日、学生連合会は、東京帝大第二控所において、全国代表者懇親会を催した。この会合には、全国の加盟校中より二三校を代表する五六名の代表者が出席し、実質的には第一回全国大会とされた。一九二五年のはじめ、学生連合会は、全国学生社会科学連合会（略称、学連）に改組され、同年六月の関東学生社会科学連合会の総会で、学生運動を無産階級運動の一翼と規定する根本方針に関するテーゼ草案と、この運動方針にもとづいて、マルクス主義的一元教育を、教育方針として強調した教育テーゼ草案が採択された。」（絲屋寿雄著『日本社会主義運動思想史 Ⅱ』）

「東京女子大では、一九二五年の春、渡辺多恵子、三瓶孝子、伊藤千代（ママ）らによって、最初の社会科学研究会が誕生している。日本女子大でも、この前後に、清家とし、西村桜東洋（おとよ）らが、社研をつくって活動していた。」（中村新太郎著『日本学生運動の歴史』）

このように、東京女子大に社会科学研究会が明確にかたちづくられていくのは、伊藤千代子が入学した一九二五年である。全国的な学生社研運動とほぼ時を同じくして出発し、女子校のなかで抜きんでた存在となったのである。では、千代子はこの社研活動とどのようにかかわり、どういう役割を果たしたのか。これまでの研究では、後輩の塩沢富美子の回想がまとまった形で発表されている。さらにこれまでに入手した文献資料には、当時の東京女子大学社会科学研究会についての記述が豊富に存在し、しかも、そのなかの多くに伊藤千代子（あるいは伊藤千代）が登場する。文部省思想局・特高警察資料にも掲出されている。これらの諸文献資料を整理していくことにより、東京女子大社研の誕生からその後の活動の実態、そのなかでの千代子の活動ぶりも明らかになる。

三瓶孝子の回想　すでに紹介したように三瓶孝子は、千代子とともに東北試験場で一緒になり、二人とも合格した縁で、その後の東京女子大での寮生活と社研活動をともにすることとなる。三瓶は前掲書のなかで、千代子は、「東京女子大で私と渡辺多恵子とが社会科学研究会を作ったときの最初のメンバーの一人であった」と回想している。その証言に対して福永操は、千代子は結成時には参加していない、と反論している。福永は、戦後に『あるおんな共産主義者の回想』を出版し、また、『運動にかけた女たち――戦前婦人運動への証言』に登場して、東京女子大社研活動について詳細に述べている。「三瓶さんによればその春（一九二五年）、三瓶さんと伊藤さんは入学早々から東京女子大の研究会に参加していたという。しかし私が二学期に学校に帰って後には（二四年入学、肺浸潤で二五年春から八月まで休学）、三瓶さんは研究会に熱心であったが、伊藤さんが参加した記憶を私はもっていない」、「一九二七（昭和二）年三月に多恵子さんが大学部社会学科を卒業して東京女子大を離れると、そのとたんに、伊藤さんが学内研究会の組織活動におそろしく熱心になって、中心分子のひとりとして大車輪の活動をし、成果をあげた……」

小澤路子の回想　「当時さかんだった東京女子大の社会科学研究会や他の社会主義研究の集まりなどにも私は首をつっこみ、仲間に入れてもらいました。なかでも東京女子大の研究会は当時一番水準が高いと言われていて、そのメンバーはのちに志賀義雄の細君になった渡辺多恵子、是枝恭二の細君になった波多野操、浅野晃の細君になり獄中で死んだ伊藤千代子らがいました。研究会での文献は、当時発禁になっていた福本和夫の『無産階級の方向転換』が圧倒的で、あとは『共産党宣言』『なにをなすべきか』などで、伏字の多い発禁本を懸命に写しては読んだものです。」（『婦人解放に生きて――小澤路子さんを偲ぶ』発行＝小澤路子さんの遺稿集発行世話人会、新婦人神奈川県本部内）

今井久代の回想　小澤正元の夫人であった久代は、千代子の諏訪高女時代の級友であり岡谷市出身。

彼女も小澤路子同様、東京帝大に入学した兄の世話をするために上京、一九二五年に、その兄の二高時代の友人の東京帝大法科出で東大新人会会員の小澤正元と結婚した。彼女は兄の影響で『資本論』を読むなどの思想状況のなかにあった。今井久代は、市ヶ谷刑務所の千代子への差し入れをはじめ収容入院させられた松澤病院に二回見舞いに訪れている。彼女は、自分が千代子を自宅（東京の小澤正元宅）のマルクス主義学習会にさそった、浅野晃の結婚相手に千代子を紹介した、とも述べている（『イエローローズ——伊藤千代子の青春』）。

三　学内社研の再出発

マルクス主義学習会参加　以上に見られるように伊藤千代子が社会科学研究会に参加したあと、急速に思想的に成長していくのは一九二六年、入学二年目からと見られるのである。千代子はこの年の春に、同郷人の小澤正元宅で開かれていたマルクス主義学習会にさそわれて参加し、そこで高いレベルの理論内容をたちまち吸収して血肉化していくのである。千代子が浅野晃との運命的な出会いをしたのもこの場所である。

学内社研の活発化　こうして学外での学習で科学的社会主義の理論を身につけた千代子は、学内の社研グループに合流し、ふたたび活動を開始していくのである。同校社研は、一九二七年三月、中心メンバーであった渡辺多恵子が卒業して社会運動に入ったあと、千代子や福永操、木野美佐子らが力をあわせて再構築に入っていくのである。その活動は、その年の新入生である塩沢富美子、宮崎哲子（後、安東）、服部民子（後、大森）、病気留年で宮崎のクラスに降りてきた村上冬子（後、葉山）などのすぐれた活動家を獲得することになり、彼女らによって一九二八年三月以降の弾圧下の活動に継続されていったのである。このように、千代子も含めたメンバーの活躍によって東京女子大社研の量・質ともに発展する時期を迎えていくのである。

ここではおもに、新入生として社研に参加していった塩沢富美子、宮崎哲子、服部民子らの手記、回想を見ていきたい。

塩沢富美子の回想　塩沢富美子は青山女学院から東京女子大英語専攻部に入学した。彼女は『野呂栄太郎とともに』（未来社）の「上級生伊藤千代子――社会諸科学研究会」「市ヶ谷刑務所で」のなかで伊藤千代子をとりあげ、その出会い、社研活動、市ヶ谷刑務所での劇的再会などについて詳細な回想を残し、その後の伊藤千代子研究に重要な題材を提供し、終生、伊藤千代子顕彰の立場を貫いた。

「入学して間もなく、学校の入口に、『社会諸科学研究会』の会員募集の看板が出されているのをみて、『うあー、私が勉強したかったのは、この社会科学だったのではなかろうか？』とじっとその看板をみつめた。」、「私はまたさそわれてもうひとつ別の研究会にも入った。私がこの西寮に入って間もなく、東寮からわざわざ西寮に引越してきて、私たちの食卓の一員となり、私に話しかける一人の上級生がいた。伊藤千代子といった。彼女は何かと私に話しかけ、学校公認の社会諸科学研究会とは別に、マルクス主義の研究会をつくろうとさそってくれた。そして私たち新入生数名がそれに参加した。……学生間の彼女に対する信頼感は大きかった。彼女は英専の四年生だった。……伊藤千代子は、私たちに「資本主義のからくり」という初歩的なものから、主にマルクスの『賃労働と資本』を皮切りとする、資本主義経済のしくみについての系統のものを始めとして教えた。マルクス『共産党宣言』、レーニン『国家と革命』『唯物弁証法』等々、政治と哲学そして経済学に関する、当時入手できる限りのマルクス主義の本が紹介されて、これらをテキストにして、毎週一、二度放課後に、寄宿舎の私の部屋などで勉強会を開いていた。私はこの勉強会に魂を吸いとられるように熱中した。」

宮崎哲子の回想　「一九二七年、入学したての私は、学生控室の片隅に『社会科学研究会にはいりましょう』と墨で黒々と書いた立札が立ったり引っこんだりしているのを不思議な気持ちで眺めていた。『おや、ここには社研があるのかしら、どこの大学でも社研はつぶされているというのに』。わたしはときどき控室に出かけていっては立札を見るのがたのしみで、そばに寄って行ってみたり、横目でにらんで通ったりしたが、それは学生に見せるときだけ立てられ、先生に見られそうなときはひっこめられていたのである。そのクラスには、たまたま病気で上のクラスから降りてきたフユさん（村上冬子）という人がいて、話し合うようになり、渡された『空想から科学への社会主義の発展』を読んで感激、ついで『フォイエルバッハ論』『反デューリング論』『史的唯物論』『鋼鉄は如何に鍛えられたか』などをつぎつぎと借りて読破していった。……

こうして私は日増しにマルクス主義の勉強を深め、熱心な研究会のメンバーになっていった。またフユさんと二人でクラスの中にもメンバーをひろめた。あとではクラスの中の十数人が研究会にはいった。そしていくつものグループに分かれて、ひそかに『弁証法的唯物論』『資本論入門』『賃労働と資本』『帝国主義論』などのマルクス主義の勉強に熱中した。……

研究会はたいてい寄宿舎か下宿で開いた。校舎のうしろの方にある白いコンクリートの寄宿舎は、一人一部屋になっていたので都合がよかった。なにしろ非合法下の研究会であった。私たちは非合法運動のＡＢＣを上級生のメンバーに教えてもらい真剣になって実行した。舎監室の前を通らぬように、会員が二人以上連れ立って歩かぬように、にらまれている人と学校で口をきかないように等々。そして中から鍵をかけた三畳のせまい部屋で膝つき合わせて勉強した。ときには学校の裏の武蔵野のくぬぎ林に分け入って枯草を折り敷いて開いた。そんなときには『われら若き兵士』や『憎しみのルツボ』『インター』などの歌もうたってピクニック気分になった。研究会の前には伏字〔×××字のこと〕を埋める仕事があっていそがしい。埋まっている本を順々に廻しながら埋めてゆくのである。授業時間に膝の上で埋めていく人もいた。そのころ文芸部で『樫』という交友会誌を出していた。それにも積極的に参加した方がよい、ということになり、私どもは『フォイエルバッハ論』の紹介や『唯物弁証法について』とか『変化の法則について』などの論文を寄稿し載せてもらった。」

宮崎哲子は卒業後に安東義雄と結婚、戦前は投獄された夫とともにたたかいぬいて戦後を迎えた。「回想」を発表の途中で沼津市に転居（その最終回は八五歳の時で口述筆記）。義雄氏と死別後義雄氏の次女、小林百合子氏（京都在住）に看取られて一九九六年一一月、義雄氏のもとに旅立たれた。

この「回想――出発のころ」は、一九八三年『新潟民主文学』の第三号に掲載され、第一〇号まで連載されている。この雑誌はすでに廃刊となり入手が困難であった。民主主義文学同盟新潟支部事務局長（当時）の山田忠音（ただと）氏の格別のご協力により原本のコピーをしていただいた。

上記の回想には直接、伊藤千代子は姿をあらわさないが、千代子とともに活動していた村上冬子が登場する。そして上級生から非合法活動のやり方を教わったなどの記述の行間に、当時、生きいきと社研のリーダーとして活動していた千代子らが見えるようである。

服部民子の回想　塩沢、宮崎らと同年に入学した学生に服部民子、浪江八重子（なみえ）がいる。民子の父服部浜次は、明治期の社会主義運動家として知られる。民子は次女である。岡村親宣（ちかのぶ）（東京本郷合同法律事務所弁護士）著の『無名戦士の墓』（学習の友社）は大森詮夫（後、弁護士）のすぐれた評伝で、そのなかに服部民子との社研での出会いが描かれている。

「詮夫は、この非合法下にあった、中大社研のキャップであった。ドイツ語が得意であった。他の大学の社研活動の援助もおこなったが、東京女子大の社研活動の援助もおこなった。それは、スターリンの『レーニン主義の基礎』をドイツ語で講読する活動で、チューターをつとめたのであった。

また、東京女子大の社研は、ドイツ語の『共産党宣言』を講読する活動をおこなったが、この入手は、民子を通じて堺利彦からのものであった。民子を介して、堺のドイツ語の『共産党宣言』の筆記ノートを借り受け、みんなで回して筆記したのであった。この社研のメンバーには、後に日本共産党の幹部野呂栄太郎の妻となった塩沢富美子、後に農民運動家浪江（旧姓、板谷）虔の妻となった浪江八重子らがいた。詮夫と民子は、この東京女子大の社研活動がきっかけになって、互いに生涯を誓う仲となった。」

社会諸科学研究会は存在したか　ここで一つ検討しておかなくてはならないのは、塩沢が看板を見て参加した「社会諸科学研究会」についてである。叙述からは学校公認の学習サークルと思われる。しかし、これまで見てきたように、どのメンバーの「証言」にも社会諸科学研究会について言及したものはない。大学資料室への照会の結果、当時の『学友会雑誌』第7号（一九二八年三月発行）に社会学部研究会委員会名の二七年一一月一一日付の「社会学部報告」が掲載されており、社会諸科学という言葉が見られる。同年、英語専攻部に入学した塩沢が見、そして参加した看板は、この「社会諸科学研究会」であった可能性がある。在学生三二五人中四七人の会員を組織していたこと、新進の哲学者・三木清が招かれたり、『フォイエルバッハ論』の連続講義が大学公認の学友会のなかに存在し得たことは、当時としては希有のことではなかったか。改めて東京女子大学の教授、学生のレベルの高さ、真理を追求せんとする真摯な雰囲気、それを学内の活動として認めていた安井学長の度量の広さを思わざるを得ない。この大学にしてはじめて女子専門学校のなかで全国トップクラスの社研運動が存在し得たのである。

福永操は後に、この一九二七年当時を回想する。「東京女子大の研究会では、木野美佐子さんと伊藤千代子さんのふたりが、どちらも優秀なオルガナイザーの資質をそなえたひとだった。このふたりが中心になって、この年の新入生たちにはたらきかけ、新しい会員の獲得に努力した」「そういう情況だったから、私たちの小さい東京女子大社会科学研究会も会員が増加して、二十数名になった。在校生全体で三〇〇人にたりない学校としては、これはかなりの数だった。会員が増えたから、勉強会もいくつかのグループに分けて持つようにした。オルグの仕事は木野さんと伊藤さんが中心になった。……この年の私たちの研究会の勉強コースは、学連の「教育方針」の研究コースを基本の基準とし、私たちの本部で相談しあって、テキストや参考書は程度におうじて読みやすいものを選ぶようにして作成したものだった」。

この学連の「教育コース」による学習と教育の体系化が、その後の東京女子大社研の量・質ともにわたる前進を準備したのである。その学内の活動がベースにあって、学外では「女子学連」、つまり全国の女子校のなかに学生社研を組織していくためのネットワークづくりに多くの東京女子大社研メンバーがたずさわっていったのである。これが一九二七年の東京女子大の社会科学研究会の到達点である。理論と実践の結合を追求した千代子の到達点でもある。

このあと一九二八年三月一五日の弾圧により千代子と福永操は治安維持法違反で逮捕・投獄される。

東京女子大社研にとっても、また大学側にとっても厳しい「冬の時代」に入っていくこととなる。続く二九年四月一六日の大弾圧がくる。しかし、理論学習で鍛えられた社研メンバーは、ますます会員を拡大してすすむのである。

四　女子大社研の前進――「女子学連」の促進体として

通称「女子学連」について　前項で、東京女子大社研が学内の活動とともに学外で、全国の女子校のなかに社研を広げていくネットワークづくりの促進体としても貢献したことをあげた。この活動のうえに結実したのが、いわゆる「女子学連」である。

この「女子学連」の性格についてはこれまで議論がある。つまりこの「組織」が、全国の女子校社研の指導部として恒常的な組織体であったか、それとも、女子校のなかに社研を拡大し、それを学連の傘下に加えていく促進体としての役割を果たすべくつくられたのか、という問題である。

この論争はさておいて、私はこの時期の特徴として、学内社研からそれを横に広げていく活動が芽生えたこと、その中心を担ったのが、当時、社研としてグループをなしていた東京女子大と日本女子大社研メンバーであり、彼女らによって全国の社研メンバーとの交流がはじまったことをあげておきたい。その結果、一九二六年の初頭から萌芽が見られ、やがて二七年三月になって全国のメンバー一七、八名が一堂に集まった。いわゆる「女子学連」の出発である。

文部省思想局文書に見る「女子学連」　この「組織」について、文部省思想局は一九三四（昭和九）年八月に『思想調査資料』第二四編で「教育関係に於ける女子の左翼運動」を発表、そのなかにいわゆる「女子学連」がとりあげられている。まずその流れをかいつまんで見よう。

①　大正一五（一九二六）年一月　日本女子大、東京女子大の学生有志が会合して婦人革命家ローザ記念研究会を開催。同年九月頃両女子大学生による合同研究会が成立。この研究会は、男子学連とも連絡があり、その幹部は講師として女子の研究会に出ていた。

②　両大学のメンバーの働きかけにより、在京の他二校、関西一校、東北二校に連絡がつき、同年一二月に関西及び東北より各一名が上京して会合が開かれた。出席者は一二、三名。席上、①女子学生研究会の全国的組織を結成することの決議、②本部を東京に置くこと、③全国的組織の確立に努力すべきこと　を協議したが、決定には至らなかった。

③　翌昭和二年三月、西荻窪で全国から一七、八名が参加して第一回大会を開催。女子学連は、女子学生社会科学運動の統一指導機関にして学生運動の指導機関ではないことを鮮明にして、運動方針、教育方針、組織方針、役員を決めた。役員は下記の如し。

中央常任委員長（教育部長）　波多野　操（東京女大）
　常任委員（組織部長）　木野美佐子（東京女大）
　同（政治部長）　西川　露子（日本女大）
地方委員　関東　海野　コウ（委員長　東京女大）　伊藤　千代〔ママ〕（東京女大）
　森田　京子（東京女大）
東北　佐藤　ヤス（委員長　宮城女）　荒　愛子（宮城女）
　佐々木八重子（尚絅女）
関西　栗〔ママ〕田　律子（責任者　同志社女）

④　昭和二年六月頃に、同組織が外部に漏れ危険を感じたため、表面的には解散を宣言。メンバーを改めて同年九月再組織をおこない、新たに伊藤千代（東京女大）、斉藤なを（東京女高師、尚絅女学校卒、千代子とともに上京）の二名を中央委員に加え分担を決めて各学校研究会と連絡をとった。

⑤　昭和三年二〜三月にかけて中央委員伊藤、波多野、斉藤が他の任務につき女子学連から去ったので、組織の立直しをおこなった。

⑥　このあと三・一五事件以降、女子学連の指導者等がぞくぞく検挙され、女子学連は壊滅した。

（注・前頁リストのうち、伊藤千代は伊藤千代子、栗田は粂田の誤植）

「女子学連」の思い出――三村さちよ　この文部省思想局文書より三年前の『改造』一九三一（昭和六）年八月号に、三村さちよが「『女子学聯』の思ひ出」なる六ページの論文を書いている。その内容は、①女子学連の成立まで、②その組織構成、③ケルン分子として活躍した人々　というもので、学校名、登場する人名などすべて実名である。特高警察弾圧下のこの時期にどういう意図があって掲載されたのか、三村女史が誰なのか、など不明であるが、各学校の登場メンバーは、前記文部省文書とほとんど違わず、また千代子についても記述している。

「伊藤千代子女史は、三・一五で捕らえられて間もなく、獄中に発狂して、松澤病院に、淋しく死んでしまったが、信州に生まれた彼女は、オルガナイザー〔組織者〕としてのよき素質に恵まれていた。彼女も、卒業を控えた一九二七年の二月頃、学校の仕事を他にゆずって、地下のポストに移っていったが、間もなく、三・一五の嵐にひっかかってしまった。」

こうして伊藤千代子が、東京女子大の社研活動のなかですぐれた理論的指導者として、またオルガナイザーとしてひときわ光芒を放っていたことが多くの記録に残されてきたのである。

第六章　留置場の寒さ思い真綿を背負わせて——安井てつ学長

戦前の学生への思想弾圧と向き合った東京女子大学長安井てつの「文書」が遺されていました。その冒頭に伊藤千代子が登場します。

【家庭の状況】　００1番　詳細は不明なるも両親兄弟なく親戚によりて保護を受け居り
【思想状況】　同人は長野県○○高等女学校出身なる同級生にして人の妻となり社会科学研究に興味を存する者と（東京に於て）相往来せる由なるを以て玆(ここ)に思想上の影響を受けたるにあらずやと推測せらる。但し当校在学中余りかかる種類の研究に興味を有せざるものの如く見えしが、同級生たりし、００3と交わりを結ぶに至りてより屡(しばしば)欠席をなすに至り、初めて学校の注意を惹(ひ)き警告する所ありしが、病気の故を以て欠席を継続し、終に卒業試験をも受け得ざる旨を通知せるを以て、保証人と協議の上、退学者と認め、其手続きを取るに至れり〔カタカナはひらがなに変換〕

この「文書」に続いて００1番が運動に入ったきっかけについて研究会メンバーによる次のコメントがある。「００1は郷里の高女卒業後、小学校の代用教員をしていた時、子供たちの家庭状況を通して社会の矛盾を感じ、また当時の製糸工場の様子などを見て疑問が湧き、大学に入って社会の矛盾や疑問をつきとめたいと思うようになった。その背後には小学校の時に教えを受けた教師や、高等女学校における理想主義の教育の影響があったと思われる。」

この001番こそ伊藤千代子である。少しつけ加えると「○○高女出身の同級生にして、社会科学に興味を存する者」とは今井（小澤）久代（第五章参照）で、大学在学中の同級生003は波多野操と特定される。

一　安井てつ「学長文書」の発見

ここに掲出した文書は『創設期における東京女子大学学生の思想的動向』（東京女子大学女性学研究所発行、一九九〇年四月）になる「安井てつ学長保管文書」の全容と分析の報告書の一部である。第五章で見たように東京女子大は、戦前、昭和の初期に伊藤千代子らを中心にして全国の女子学校のなかで最も強大な社会科学研究会を擁し、治安維持法による特高警察の弾圧の矛先にさらされた学園であった。この「冬の時代」に直面し、しかも官憲の弾圧により連行、逮捕、拘留される学生が続出したことにより、「アカの大学」と烙印（らくいん）をおされて社会的に指弾され、ために入学志望者が減少するという苦況に立つことになった東京女子大。この時期の戦前・戦中の一六年間を同大学の学長としてあたったのが安井てつである。

資料との遭遇　東京女子大についてまったくの門外漢である私は浜林正夫一橋大学名誉教授から同大今井宏教授（その後故人）のルートを通じて大学資料室をご紹介いただだいた。大学訪問にあたり懇切なるご案内をいただいた。訪問の日、大学図書館ではあらかじめ、同大学の年史類、安井てつ学長の伝記類等の関係図書を揃えていてくださった。これにより同大学の沿革、「冬の時代」の大学側の

安井てつ（東京女子大学『創立十五年回顧録』から）

対応、とりわけ、当時、学長としてこの思想弾圧問題にたずさわった安井のキリスト者としての苦悩、信念を貫き通した姿を知ることができた。

ついで、同大学女性学研究所をたずね『創設期における東京女子大学学生の思想的動向』を入手した。資料室からは、あらかじめ〝伊藤千代子氏の記述は非常に少ない〟と知らされていた。しかし、この総ページ一〇四ページにもおよぶ膨大な「研究報告」を開いて、私は驚愕した。なによりも、当時の安井のもとに、最初の逮捕者、千代子ら以降の大学側の文書がメモ類にいたるまで完全に保存されていたことである。また、この「研究報告」が九〇年代初頭に刊行され、公表されていたことである。私の知るかぎり、千代子の研究者で、この「研究報告」に着目された方はいないのではないか。そしてまた、戦前の、このエポックに対して大学としてこのような真摯な研究報告を公表された例を知らない。その意味で、この「研究報告書」は、これまた希有な存在である。この「研究報告書」をまとめられた研究メンバーの方々ならびにそれを公刊された東京女子大学女性学研究所に敬意を表したい。惜しむらくは、私たちがこの「研究報告」に早くから着目していれば、同文書に登場している多くの関係者との対話が可能であったということである。

研究のきっかけ　女性学研究所がこの研究にとりくんだきっかけは、「一九八四年三月頃、当時の学長隅谷三喜男氏から、女子大にも思想問題の嵐の吹き荒れた時代があり、それに関するナマの資料が保存されていることが伝えられた」ことからはじまった。では、この原資料は、たまたま廃棄されることなく眠っていたのだろうか。この研究報告文書の冒頭に簡潔な紹介がある。

「学長文書は大ざっぱに四つの束にまとめられていて、初めはどういう資料が、どのようにして残されているのか、全くわからなかった。大体において、昭和二年から七年ぐらいまでの、警察及び文部省との往復文書が主であり、そのほかに生徒主事懇談会、学内の主事会記録、学生主事石幡五郎の編と見られる『思想事情備考』などになっていた。当初は、これらの資料が、偶然残されたものか、意図的に一括して残されたものかも不明であった。しかし、一々の資料を整理していくうちに、下書きや、メモの紙片に至るまで全部散逸させまいという意図を持って、一括して保存されていたものであることがわかった。」

001番　研究メンバーは、こうして当時問題となった学生を文書出現順に三桁の数字を付して調査していくこととなった。その結果、伊藤千代子は001番を付された。それは、東京女子大学生の最初の検挙者が、一九二八年三月一五日の大弾圧で逮捕された千代子だからである。同事件で、002番＝渡辺多恵子、003番＝波多野操が逮捕されている。この三人は、東京女子大社会科学研究会草創期の中心メンバーである。ここで三桁の番号が付された意味は、一九二八年から三二年頃までの、表に氏名が出た学生が三ケタに達する程の多数であったということである。しかも、それは原資料に残された該当者の数であって、研究メンバーによると、戦後になっての回想や著書に実名で出てくる人物で、原資料に登場していないが、無事に卒業したメンバーも数多く存在するというのである。こう見てくると、治安維持法下の特高警察の追及が激しくなるなかで東京女子大の社研メンバーや社会主義運動協力者、あるいは、今回、私の調査の対象としなかったＳＣＭ（Student Christian Movement）などの運動にたずさわった学生が如何に多数の存在であったかがうかがえるのである。

千代子についての記述は、冒頭紹介した。あとの膨大な研究報告資料は、それ以後の東京女子大社研メンバーや社会主義思想を体得して実践活動に入っていった女子学生の多さを物語っている。それぞれがやがて戦中の極めて困難な時代、弾圧につぐ弾圧の時代にどう立ち向かって生きていったか。こころざし半ばで倒れたもの、たたかいを継続して戦後もその思想に忠実に生きたもの、深い挫折ののち心ならずも口を閉じたもの、そこには言葉では言い表せない苦悩のドラマが潜んでいよう。それをどう次世代に伝えていくかという重い責任が私たちにある。

伊藤千代子についての記述　では、研究報告資料にもとづいて千代子について見ていこう。東京女子大安井学長文書の最初は、文部省専門学部局長西山政猪名の、学長宛ての昭和三年五月二八日付「共産党事件について起訴せられたる者の調査表作成回付依頼」が出され、同六月一八日に学長から文部省側に調査表が提出されているところからはじまる。そのための「経歴調査表」（下書きを含む）一二枚が残されている。

「この書類で、卒業者、001、002、中退者003の三名についての調査表作成を始めた時から、本学の思想問題事件は始まる。この三名の経歴調査表では、『左傾主義、研究に入りし動機及其経過に就いては本人に就て直接調査するにあらずば全く取調べの方法なきを遺憾とす』と、三名全員に同文の記述をしている」。三名の該当者が「卒業者、中退者である以上、それぞれの人を独立した社会人と見做して、何ら管理下に置くという態度をとらないのは、当時としては勇気のいるところであったと思われる」とコメントされている。なおここで千代子が卒業者とされているが、以下に見るように彼女はある事情により卒業試験を受けず、大学側は保証人と協議のうえ退学としているので、波多野操と同様中退者とするのが正しい。「同窓会（卒業生）名簿」にも氏名の記載がない。

それでは安井が文部省からの照会に対して報告した文章を見よう。学長保管文書に登場する千代子についての記述は冒頭の通りである。このなかで、千代子が、①しばしば学校を欠席していたこと、②病気の故をもって欠席を継続したこと、③ついには卒業試験をも受けられない旨届け出たこと、④保証人と協議のうえ退学者としたこと、等々これまで明らかでなかった未見の事実が含まれている。

このうち、①の「しばしば学校を欠席した」のは、一九二七年九月初旬、千代子が学生寮を出て浅野晃との結婚生活に入った時期と重なると思われる。この頃のことについて、塩沢富美子は『野呂栄太郎とともに』のなかで、「伊藤千代子は、一年近く私たちの研究会のチューター〔学習会講師〕であったが、卒業前から学校に余り姿をみせなくなった」と書き、また『信州白樺』での回想では「〔二七年の〕秋も深まるころ、突然千代子さんは寮を去られましたが、その空いた小室に私が移りました。……千代子さんはそれから学校にくることがまれになったようです。……どうして千代子さんが寮を去られたのか、そして学校へ来られなくなったのかくわしいことは知りませんでした。それでも何か外での仕事のためだろうと思い、それをきくのはいけないことだと私はもうさとっていました」と書きとめている。塩沢には、千代子が学校の「外」の任務についたためであることが分かってきた。それがどういうものかは、「聞いてはいけない」ほどの重要な任務だと悟っていく。そう見ると、そのあとの②、ついで③の卒業試験も受けないで、その「重要な任務」を遂行しようという千代子自身の強い決意がうかびあがってくるのである。

二　寮監・松隈トシの証言

留置場の寒さ思い背中に真綿を　こうして伊藤千代子らが逮捕された一九二八年三月一五日以降、大学側は否応無しに、文部省当局や官憲側あるいはマスコミからの追及にさらされることになった。それに対して大学側、とりわけ安井てつはどう向き合っていったのであろうか。

そのいくつかのエピソードをお伝えしよう。当時、安井とともにあり、その信頼をうけ直接事件の処理にあたった人たちがいる。そこにはキリスト者としての人間安井てつの真骨頂が示されている。

その一人は、一九二七（昭和二）年から一九四五年まで大学東寮の寮監をしていた松隈（旧姓、大槻）トシである。松隈は、戦前・戦中を安井てつとともに大学にいて、思想弾圧事件の一部始終を見ていた方である。「研究報告」は、その巻末に「時代に生きた人　松隈トシ氏の回想」を紹介している。

「昭和三年三月の検挙は、寮生が多かったそうです。安井学長は、他の学生への配慮から、〔連行は〕夜に入って黙学時間に行われました。一室に集まった学生に、先生は、『取り調べに対しては、本当のことをお話なさい。そしてあなた方のいる場所を、清らかに、淑女としてのたしなみを忘れずにお振舞いなさい……』と言われ、三月の夜寒を案じて、一人ひとりの背中に真綿を背負わせ、お持ち合わせウールの毛布、マフラーまで差し入れられたのでした。」

この事実は、『安井てつ伝』にも生々しくとりあげられている。「そうして先生は留置場の寒さを思って、真綿をもってきて、一人一人の背中にいれた。自動車がくると窓かけをおろさせ、五人と共に石幡氏ののりこんだ車を静かに玄関に立って見送った。……石幡氏は先生の立派さに感激して、近所のタクシー運転手から、女子大生をのせて警察に横づけしたなどもれては申訳ないことと思い程よいところで車を降り、もと来た道に帰る車を見送って、おもむろに五人とともに警察に出頭したというのである」。石幡五郎は学生主事として、安井の意をうけ、その後の思想弾圧事件の処理に全力を傾注していくことになるのである。「苦悩する学長を精神的に助け、女子の学長に代って警察との折衝、拘置所や留置場めぐりをしたのは、石幡五郎であった。」（『東京女子大学50年史』）

松隈寮監は、自身も寮生に同情的だったため、警察から「あの寮監は桃色だ」とにらまれながら、連行される寮生に依頼され、家宅（居室）捜査まえに部屋の「重要書類」の片付けをして「問題なく事を」おわらせている。その松隈が回想する。「002さん、003さんも、やはり読書会のリーダー格でした。其他001さん、008さん〔塩沢富美子〕など、皆真面目な優れた方でした。寮は、一人一室でしたから消灯後まで巡回される寮監の足音を気にしながら、物につかれたように熱心に勉強されたようです」と。

また「アララギ会員の松隈さんは、……昭和一〇年当時、女子大の寮監をしておられ、伊藤千代子のことは〔土屋文明先生〕講演後のお茶の席で話題になって、そこで先生が色々話された」という証言も残された。これがアララギの小市巳世司氏らの研究で取り上げられ、土屋文明が伊藤千代子を詠んだ『某日某学園にて』は、東京女子大でのこの時期であったと特定された。この貴重な「証言」を残された松隈さんは、一九九六年二月逝去された。

三　思想弾圧事件と向きあう安井学長

その松隈は「昭和三年からの思想問題は、職員会議の難問題で、解決策として、退学させる事が常識のように言われましたが、安井先生は断固として反対され、何とかして人を生かす方法を採られ、学校としては一人の退学処分もなさいませんでした。時には裏切られる寂しさもありましたが、教育者として、あの困難な時代に人格主義を貫かれました」と回想の最後をしめくくっている。

この松隈の回想は、安井が昭和初期の思想弾圧事件にどう立ち向かっていったかを示す証しである。そのことは、また、安井の遺されたエピソードでも証明されている。今回紹介の「研究報告書」により、安井が、文部省の求める報告や警察、マスコミに対してどう対応したか、いくつかを見よう。

①　何よりも伊藤千代子らの例に見られるように、大学に籍のあった者についてありのまま報告はするが、問題の学生を悪者にせず、どこまでも本学に学んだ一人の人格として尊重し、無理な詮索はいっさいしないという立場を一貫して貫いていることである。

②　さらには、「思想問題資料蒐集に関する件」として文部省が「ビラ、ポスター、ニュース、手記、新聞、雑誌、図書、写真、その他の宣伝印刷物」の提出を求めたのに対して「思想問題資料蒐集の件に就ては、当学に於ては提出すべき材料を有せず、甚遺憾に存じ候」と回答している。そのことに見られるように、学内のことに関しては文部省の要求に一切取り合わない態度を堅持しているのである。つまり学校自治の立場を貫いていることである。

③　検挙逮捕者が続出するなかで、その処置について度々職員会が開かれ、激論はしばしば深更に及ぶことがあった。問題の学生を退学させるか否かに議論が分かれた時にも、安井学長は、思想問題で処分するという主張に対して最後まで譲らず退学さすべきではない、という主張をされた、ということである。『東京女子大学50年史』には「この件に関しては、安井が学生を甘やかし過ぎるという

批判もかなりあり、公の席で、宗教主任の渡辺善太が、学生を断然、退学処分にすべしと強く主張し、安井と対立したことは有名である」と書かれているほどである。

当時、思想問題を起こした学生に対する処分は圧倒的に「放学、放校、除名、除籍、退学、諭旨退学、無期停学、停学、謹慎、戒飭［きちんと正す］、譴責、訓戒」（文部省があげた処分報告項目）が多いなかで、一人として思想問題を理由にした処分者を出さなかった、おそらくわが国唯一の学校ではなかったか。ある卒業生は「学校の名誉のために学生を処分することなどは、先生には考えられもしないことであった」（青山なお著『安井てつ伝』）と回想している。

当時、安井てつの全面的信頼をうけ問題の処理に尽力した学生主事の石幡五郎は、「思想問題に対する先生の態度には二面が考えられる。一は監督官庁である文部省に対する態度であり、他は学生に対する面である。これは又表裏一体のものである」として、世間の多くの教育者が文部省に迎合的な態度をとるなかで、安井が教育者の責任と良心とにもとづいて処理をされたこと。また、反対に学生にはきわめて和やかに対応されたことをあげている。

④　また、ある時、新聞記者が共産党事件で取材にきた。それに対して安井は「あなたに妹さんがいて同様な運命にあった時、それでも尚あなたがこの少女の行為は天下にさらして筆誅に値するものと考えますか」と問い、翌朝の新聞には記事がのらなかったということである。

治安維持法は、広範な国民の主権在民、反戦・平和、生活向上のたたかいを抑えつけるために、まず共産主義者とその協力者に矛先を向け、その範囲を次第に拡大し、やがては教育者やリベラリスト、宗教者にまで襲いかかったのである。こうして国民を圧殺しておいて全面的な侵略戦争に突入していったのである。安井はその時代を、やむなく天皇賛美と戦争協力に最低限に従ったが、キリスト者として、教育者として誠実に生きた。その誠実な生き方、対処――当時にあっては安井の所作そのものが権力側からの弾圧をまねく危険さえあった。現に安井は戦時中、特高の尾行に脅かされていたのである。が、安井はその信念を保持し続けた数少ない存在であった。あの暗黒時代に、日本にこのような教育者が存在したことは、永く記憶されるべきことではないだろうか。

終戦直後　安井は、一九四〇（昭和一五）年一一月、学長の座を石原謙に譲って退任した。そして空襲が激しくなるなかで疎開のすすめをしりぞけて大学内に残った。勤労動員に駆り出された学生たちを見守るためである。その安井は、終戦の三日後、見舞いにかけつけた蜂谷麟が「こんな事ならアメリカの属国になってしまう方がよい」と嘆いたのに対して、「日本を再起させるのも、滅ぼすのも、私たちの努力次第ではないか」とたしなめた（同書）という。

また同年九月の日記帳の最後の部分には、一九四五年九月二日付の「ミズーリ艦上にて行なわれたる降伏文書調印式場に於ける声明」の見出しのあるマッカーサー総司令官の声明の新聞切り抜きが貼りつけられていた。その切り抜きに安井のペンによって傍線を引かれていた（同書）。安井の日記に、「ポツダム宣言」についての言及があったかどうかは定かではないが、この時安井は、終戦直後に、このマッカーサーの声明を見て戦後のわが国の進路と教育について考えていたのであろう。しかし、安井は幾多の国民とアジア諸国民の犠牲のうえにあがなわれた平和憲法を見ることなく同年一二月七日、この世を去った。その校葬にあたって、土屋文明・テル子の長女小市草子（かやこ）さんは、群馬の疎開先からかけつけて参列された。

第七章　卒業の「断念」

伊藤千代子が学業を続けつつ、しだいに社会科学研究会活動に専念していった姿を第五章でつぶさに見てきました。こうしたなかで千代子は、一九二七年の秋、九月上旬、彼女を理論的にリードしていた東京帝大新人会出身の共産党員浅野晃と結婚しました。その千代子に卒業「断念」という試練がまっていました。

一　卒業「断念」

一九二八年一月、伊藤千代子は卒業期を控えていた。その千代子に断腸の思いで卒業を「断念」する大事件がまっていた。浅野晃からこの間の事情を聴き取った東栄蔵氏は、それを『信州異端の近代女性たち』（二〇〇二年九月、信濃毎日新聞社出版部刊）のなかで次のように紹介する。

「……この最後の学費は千代子のために一銭も使われず、昭和三年二月の総選挙に札幌・小樽地区から立候補する党員の山本懸蔵（けんぞう）に渡されてしまった。……すでに各候補者は選挙区に乗り込んでいたが、ただ札幌・小樽地区から立つ山本懸蔵だけが病気で出発できないでいた。……たまたま千代子が、にこにこしながら帰ってきた。〝最後の学費が届いた。これで私は大学だけは卒業できる〟と彼女は言った。……とっさに私は考えた。そうだこの金があれば山懸を安心して送り出せる。〝おい、その金をおれにくれないか〟千代子はびっくりして私の顔を見た。〝山懸にやるんだ。これだけあればすぐに出発させられる〟。彼女にとっては、思いがけない衝撃だった。……この金を私に渡すことは卒業を断念することを意味していた。……千代子はさすがに泣いていた。……涙を収めた彼女は……硬ばった声で、よく分かったから使って下さいとその金を渡した。」

こうして病気療養の身である山本懸蔵（親しみをこめて山懸（やまけん）と呼ばれていた）の選挙資金の工面に苦慮していた労農党本部の浅野晃は、千代子から「学費」の拠出を受け、一月下旬、上野駅から夜行で出発する山本懸蔵を見送った。山本懸蔵は、列車を乗り継ぎ、各地の駅頭で歓迎をうけながら三〇日に函館に一泊して三一日夜、小林多喜二らの待つ小樽へ直行した。

伊藤千代子（東京女子大４年頃）と養祖母よ祢（右）

卒業試験放棄の通知　しかし、千代子の卒業を楽しみに学費を出してくれている郷里の祖父母がどんなに悲しむかと考えた時、千代子はそれを郷里に伝えることはできなかった。

私は千代子が大学当局にこの卒業試験を受けられないという「通知」を届け出た（第六章）ことの意味を大事にしたいと考えている。なぜならもし千代子が卒業を放棄したのであれば、あえて学校当局への「通知」などは必要なかったのではないか。そのまま学業を放棄してしまえばよいのだから。ところが、千代子はその「通知」を届け出たのである。そこに千代子の真面目さが示されているし、そのうえ、私はその行為のなかには千代子の別のメッセージが隠されているように思えてならない。浅野によれば、千代子は卒業を断念した時、いっとき涙を流して泣いたという。私たちはこれまで、千代子の生涯をつぶさに見てきたが、涙を流した千代子には遭遇しなかった。二歳で母親に死別、三歳過ぎに父親が協議離縁という逆境の時はいざ知らず、その後の川上茂との恋愛の破綻の時も、千代子はじっと耐え、むしろその苦しみを力にかえて起ちあがってきた。それほどの千代子が泣いて決断したのである。

二 「小さなもくろみ」から「大きなもくろみ」へ——郷里への真の恩返し

卒業の断念は伊藤千代子にとってそれほど重大なことであり、まさに断腸の思いであったであろう。私たちは、これまで千代子が「ある小さなもくろみ」のために、どうしても東京へ行きたいと考えてそれを真摯に追求してきたのを見た。それは諏訪高女時代に芽生え、高島小学校代用教員時代に培われ、やがて仙台、尚絅女学校時代に決定的となった語学の勉強を通して深く世界に目を開いていくという「もくろみ」の実現のためであった。

卒業の断念はその「もくろみ」を放棄することを意味した。しかし、千代子は大学に入ってベーベルの『婦人論』を学び、男性に隷属しない女性でありたいと真剣に女性の自立を考えてきた。そして東京女子大社会科学研究会での科学的社会主義の理論の学習により、真の女性解放のためには社会変革以外にないことを知りその実践運動にのりだしていったのである。そのために、かつて自らに課した「小さなもくろみ」をこえる社会変革という「大きなもくろみ」の実現に献身する方向に転化していったのである。このことは自分自身で解決できた。

郷里への真の恩返し　しかし、この卒業断念問題は、養育費から学費のすべてを出してもらってきた郷里との間では大問題であった。実家にとっては千代子が卒業できないという驚天動地の出来事であった。それも成績が悪かったり病気等のためでなく、なんと左翼の運動に没入したためであったというのである。郷里にとってそのショックは大変なものであったに違いない。労農党の藤森成吉の演説を聞いたり、投票に協力し、千代子のやっていることの正しさはある程度は理解できた。しかし、気がついてみれば、よりによって千代子が「アカ」の運動の道に入り、それも人一倍熱心に先頭切って動いていたのである。心配していたことがついに現実のものになってしまった。このことは親戚中に知れ渡った。かねてから「岩波のじいさん、ばあさんは、千代子を甘やかし金をかけすぎる」と親戚筋から非難されていた。その非難は一挙に高まったと推測される。

いっぽう、千代子にとっても卒業の放棄は、何よりも学費のすべてを出してくれている郷里の実祖父母への「背信」につながるし、卒業式に着るための着物を縫いつつ卒業を楽しみにしていた養祖母よ祢の願いにも背くことになる。だから千代子は、社会変革運動に参加しつつも、どんなにか卒業だけはして、郷里の人たちへの恩返しをしたいと考えたに違いない。

こう見てくると、千代子がやむを得ざる事情で卒業試験を受けられない旨を学校側に通知したのは、留年等の措置によって改めて卒業をめざすつもりではなかったかとも考えられるのである。これはあくまで今日の時点での私の推論である。

岩波八千代への手紙　しかし、事態はそういう方向には動かなかった。千代子と連絡のとれない学校側は、保証人を呼び出してそこでの協議の末退学としたのである。その直後の三月一五日の大弾圧で捕らえられた千代子には、ついにその機会は与えられなかったのである。

さて、この事態は保証人からすぐさま郷里へ伝えられたであろう。卒業を指折り数えて待ち望んでいた郷里の人々の驚愕、困惑、落胆は大変なものであったことがうかがえる。それを物語る手紙が残されている。

この手紙は、「伊藤千代子追悼録」に収録されているもので「岩波八千代へ（昭和三年入獄前）」と題されており、まさに一九二八年三月一五日直前に投函されたものであることがわかる。収録されている手紙のなかでいちばん長く、しかも千代子の心情がいちばんよく吐露されているものである。

岩波八千代へ（昭和三年入獄前）

お手紙拝見いたしました。みなさんに大変わる者のようにうたがわれているので、あなたも何か私が大変わるい人並はづれたのらくら者のように思っているようですね。〈平林〉せんさんへの事は別問題として、私がずっと前から現在の社会で最も困っている人達、いくら働いても働いても貧乏している人達の味方になって、そんなわるい社会を何とかよくしたいために勉強していることは、あなたもよく知っていて下さることと思います。一方では朝から晩まで働いても働いても飯の食えない多くの人々、一方では遊んで人を使ってぜいたくしている少数の人々――こういう社会を見て何の不思議もうたがいも起こらない人はありますまい。一体人間って、人間の世界って昔からこうであり、又何時までも何時までもこうであるかどうか考えずにはいられなくはないでしょうか。年取ったこんな社会の不公平、不正になれっこになり、これを何とかよくしようと思う気力のなくなった行手の少ない人々は仕方ないでしょうが、少なくともこれからこの社会に生き、この社会で仕事をしていこうとする青年男女にとって、真に真面目になって生きようとすればする程、この目の前にある不公平な社会をなんとかよりよいものとしようとする願はやむにやまれぬものとなってきます。私の勉強もそのやむにやまれぬ所から生まれてきました。ますます深まり、ますますひどいものになっていく社会の不公平は、私のように勉強せずに居られぬ人間をどしどし生み出してきました。ことに若い、行手の長い、元気にあふれ、力に充ちた私達青年男女の間に、学生の半分はそうです。殊に大学、高等学校の学生はどうしてもこのことを考え、勉強せずには居られなくなってきました。私達学生は、理論的に、科学的に、この現代社会の不公平の原因がわかります。わかった以上、誰かにそれを教えずにはいられない世の中に最も多くのうたがいと苦しみをうけている人々が、それを一番よく知ろうとし、又理解し得るのです。私は一旦思い定めたことを、正しいと信じたことはどこまでもつき進まずにはいられない性質です。お祖父様やお祖母様のおなげきを思います。それを思うと私はいくどやめようと思い、一晩中泣いたかわかりません。けれども何も不正なことでない以上、只皆様のお嘆きは、私のしようとしている仕事のほんとのことがわからない為だと思います。そして、大きな長い目で見た時、たしかに私自身の持っている性質、持っている才能を一番よく発揮し得た時、お祖父様方の御恩に最もよく報いられるのだと思います。おとなしい、やさしい娘になったら皆様も一寸は安心し、人目もよく思われるでしょうが、昔から、何か新しいほんとに世の中のためになる仕事を始めた人々はだれでも始めは社会からつまはじきされたものです。私は強い確信を以て、正しい勉強をし、やがて皆様への御恩がえしになるようなものになる準備をしていることをあなたに信じていただきたいのです。わからない為にいろいろ誤解して、心配して下さるのは、やめて下さるように、安心して長い目で見て下さる様に、あなたから慰めておいて下さい。三月になればすぐ帰ります。その時になったらゆっくりお話できるでしょう。せんさんのことは、いろいろ教えたり本を貸したりした事は事実です。東京へ出たいといってきたが「誰もたよらないで、親もすて、姉さんもすて、みんなの助けがなくてもやっていけるというならいいだろう」ということをいったまでです。今どこにいるか私はわかりません。東京で知っているのは私ばかりではないでしょう。きっとしっかりした、たよりになる人の所へいったにちがいありません。三月迄にはなんとかしらべてみるつもりですが。お祖父様方にのんきに安心して、長い目でたのしみに待っていて下さる様にくれぐれもあなたにお願いします。

岩波八千代は、小学校三年の時に母方の実家の岩波家に引きとられた千代子と姉妹のように育てられ、いつも「姉さん、姉さん」と慕って、勉強を教わり、本を読んでもらったりして、心から尊敬していた。その八千代がショックで手紙も書けない祖父母に代わってその心情を伝えてきたのである。

この手紙については、これまで一般的に千代子が共産党の運動に入っていることを非難してきた八千代に対して千代子が自分の心情を吐露したものとされてきた。しかし、手紙を子細に読めば、内容はそうだが、この非難は直接的には、千代子がその運動のために卒業を「断念」したことに対する非難であったのである。まず、千代子の手紙の発信日時は書かれてはいないが、千代子は「三月に入ればすぐ帰ります。その時になったらゆっくりお話も出来るでしょう」と書き送っているのである。明らかに二月下旬に発信されたもので、浅野あや子が「入獄前」と注記したことと合致しているのである。千代子の手紙は、卒業の断念に対する郷里の非難に答え、「お祖父様やお祖母様のおなげきを思います」、しかし「大きな、長い目で見た時、たしかに私自身のもっている性質、持っている才能を一番よく発揮し得た時、お祖父様方の御恩に最もよく報いられるのだと思っています」と自分の現在の心境と決意を披瀝したものである。

こうして千代子は、学んだことを自分のみの出世や幸せでなく、社会のために生かすことこそが、自分を支えてくれた郷里の人たちへの真の恩返しにつながるのだというところに到達したのである。しかし、その道へ踏み出すことは「何か新しいほんとに世の中のためになる仕事を始めた人々はだれでも始め(ママ)は社会からつまはじきされ」るという茨の道であり、この「地獄の門」をくぐる決意をするのは並大抵のことではなかったのである。千代子は「お祖父様、お祖母様のおなげきを思います。それを思うと私はいくどやめようと思い、一晩中泣いたかわかりません」とその苦衷と断腸の思いを書き綴っている。しかし、千代子は悩み抜きながらも、「我等の山懸」を北海道の選挙区に送り出す事業の大義のために自ら決断し、決断したあとはこれまで見たように強靱さをとりもどしてひたむきにすすんでいったのである（補章一六二頁を参照）。

治安維持法　一九二五（大正一四）年、帝国議会で制定され「国体を変革」「私有財産制度を否認」という目的をもった結社禁止法で、その結社の組織化と加入、活動を犯罪として弾圧するばかりでなくその思想そのものをも弾圧の対象とする治安立法である。伊藤千代子は日本共産党に加入したことをもって検挙の理由とされた。一九二八年六月には緊急勅令によって最高刑を一〇年から死刑に引上げ、同時に「結社の目的を遂行する行為」一切を禁止する「目的遂行罪」を加える大改悪をおこなった。山本宣治はそれに真っ向から反対する議会内外の活動の途上で右翼暴漢に刺殺された。当初は共産党員と活動家の弾圧からしだいに教育者、宗教家、インテリゲンチャ、全国民にまで弾圧を広げ、また、植民地の抵抗闘争にも適用された。日本での犠牲者は数十万人にのぼる。

特高警察　戦前の天皇絶対の専制支配を続けるための治安法が治安維持法であり、その弾圧専門組織が特別高等警察（略して特高警察と呼称）である。明治末年に近い「大逆事件」のあと、警視庁の特別高等課として発足、一九二八年には全国に設置された。彼らは、天皇の名において〝貴様等をぶっ殺してもいいんだ〟と豪語して拷問と虐待を指揮した。小林多喜二や野呂栄太郎はこうして虐殺された。とりわけ女性活動家には凌辱を日常茶飯事とした。多くの女性活動家がそれに耐えてがんばりとおした。特高はまた、共産党員・活動家の「転向」強要、スパイ・挑発活動などを専門にした。当時の特高官僚のほとんどが公職追放されず戦後も温存された。柳河瀬精著『戦後の特高官僚』にその実態が暴露されている。

第八章　実践のるつぼへ

山本懸蔵が伊藤千代子の「学費」の拠出を受けて選挙区の拠点小樽へ到着したのは一九二八年一月三一日夜のことでした。山懸は、その選挙戦で地吹雪のなかを馬橇を駆って奮戦する模様を『改造』同年四月号に「北海道血戦記」と題して書き送りました。小樽の銀行員小林多喜二がクビを覚悟で応援活動に参加したのはこの時です。

小林多喜二
1903-1933

一　小林多喜二『東倶知安行』に寄せて

その山本懸蔵の選挙闘争を描いた小林多喜二の『東倶知安行』の冒頭に小樽の労農党選挙事務所の描写があり、その一一行目に、

「一、参十圓也　　東京×××子」とあるのは伊藤千代子のことであるという説がある。千代子が「学費」を山本懸蔵の選挙出立資金として拠出したことから、この説は根強く流布されていて、ほとんど断定に近い形で語られている。それを特定する資料は今日までなく、多喜二が果たして、「学費」を拠出した千代子の事跡を知っていたかは不明である。

新潮文学アルバム『小林多喜二』には、この時の小樽の労農党選挙事務所に風間六三の筆になる檄とともに募金や差入れの張り札がところせましと並んでいる一葉の写真がある。写真中央には「労農党本部　金壱千円也」を筆頭に募金や差入れが写しだされている。多喜二の『東倶知安行』はこの描写から書き出している。まずきわだっているのは、東京の労農党本部からの壱千円、ついで「東京××子」の参十円である。そして地元からの拾五円、壱円となり、五十銭、二十銭、切手、鶏卵と続く。この時、多喜二が描こうとした問題意識はなんだったのだろうか。まず労農党本部、ついで東京からの支援が意識されて描写されていることに気づく。ついで、地元の労働者、農民、漁民、市民からのなけなしの募金、鶏卵、切手がぞくぞくと続く。多喜二は、こうして山懸と選挙運動を支える多数を意識的に描写している。この時多喜二は、それぞれの個人を突出させるのではなく、逆に選挙を支える無数の人々に焦点をあてて描いていくことに力点をおいているのである。山懸は運動資金、保証金（供託金・二〇〇〇円）が調達できず立候補が危ぶまれていたのである（この間の事情は、拙著『小林多喜二とその盟友たち』＝学習の友社刊を参照されたい）。

小林多喜二は、小樽高商卒業後北海道拓殖銀行（拓銀）小樽支店に勤務中であり、この選挙活動が表に出れば即刻クビになることを覚悟して、毎晩選挙事務所に立ち寄ってビラ書きや下支えの活動に専念していた。多喜二のこの時（一九二八年一月一日）の本俸は九六円（一九二四年入社、本俸七〇円からはじまる）であった。いわゆるエリート社員である。その彼が、何銭という単位の選挙募金に目を配って書きはじめているのである。同時に山懸を送り出してくれた東京の同志たちの目に見えない苦労と奮闘をも念頭において、圧倒的金額が東京から寄せられていることを明瞭に描写している。

「総選挙と『我等の山懸』」　この時、小樽の労働者たちは「我等の山懸」がいつ来るのかとジリジリしながら待ち望んでいたのである。その出迎え当夜の情景を多喜二は二年後に「総選挙と『我等の山懸』」と題して雑誌『戦旗』（一九三〇年二月号）に発表している。

「二月と云えば、北海道は毎日吹雪いている。……我々はそこに『我等の山懸』を迎えた。駅前の広場はアーク燈の下にチカ〳〵と凍え、冴えかえっていた。山懸は小樽の戦闘的な労働者五百人に取り巻かれた。……寒かった。……眼ばたきすると、両方の睫毛がねばった。グイ〳〵と胸がこみ上ってくる。出迎えは『デモ』に変った……。」

一九二八年一月三一日の夜、凍てつく小樽駅頭のこの興奮のなかに多喜二自身もいた。多喜二が科学的社会主義の理論学習を実践に移したのがこの最初の選挙戦であった。送り出す側に無数の千代子がいた。同時代にともに科学的社会主義に導かれて生命を賭して献身していった者たちである。

二　藤森成吉奮戦す

労農党運動への専心　当時、日本共産党は一九二二年に創立されたあと、天皇絶対の専制下の官憲の弾圧をうけ、党内に解党主義が発生する困難とたたかいつつ「二七年テーゼ」に導かれて組織再建の途上で普通選挙法による最初の総選挙を迎えていた。非合法下に置かれていた共産党は、その総選挙で山本懸蔵（北海道一区）、唐沢清八（東京四区）など一一人の党員を労働農民党（以下、労農党）から立候補させてたたかったのである。浅野晃は、共産党員として労農党本部事務局につめて活動をしていたのである。これを応援する伊藤千代子の姿が見られる。当時、千代子が郷里に出した手紙が残されている。

第一回普選直後の手紙から　〔「伊藤千代子追悼録」は前半部五枚分欠落のため次の文章からはじまる〕

みんな喜んでいました。藤森氏（成吉、プロレタリア作家、諏訪出身、労農党統一候補として諏訪・伊那地方で立候補）や労農党の人の演説をきいて下さいましたでしょうか。藤森氏はおちてしまいましたが、これを機会に諏訪の地にも労農党とはどんなものか、私達の運動はどんなものかが広く知られたことと思います。お聞きになってお祖父様はどうお思いになりましたか。全国で無産者政党から八人出（当選し）ました。三月下旬の臨時議会でその人々がどんな事をするか、みんな大変注目されています。選挙はすみましたがその後始末や方々からどんどん入党を申し込んでくる人が多いので本部は今大多忙です。私も土曜、日曜は手伝いを命ぜられてしまいます」

手紙からは郷里の藤森成吉候補の応援活動とともに、東京の労農党本部につめて生きいきと活動する千代子が見えてくる。

藤森成吉奮戦す　藤森成吉は一八九二（明治二五）年、長野県上諏訪町（現諏訪市）薬種問屋に生まれた。諏訪中学卒業後、第一高等学校へ進学、土屋文明とは同じ寮の隣同士であった。東大ドイツ文学科卒業。作家活動に入りプロレタリア作家群に加わる。二八年ナップ（全日本無産者芸術連盟）委員長。著書に『何が彼女をそうさせたか』『磔茂左衛門』『渡辺華山の人と芸術』など。戦後、細井和喜蔵の『女工哀史』の印税（相当分）で東京青山墓地に『無名戦士の墓』を建立、世話人会会長。一九七二年日本国民救援会会長、民主長野県人会初代会長などを歴任。一九七七年没。

藤森成吉は、この一九二八年二月の第一回男子普通選挙の長野県三区（諏訪、伊那の南信地域）の労農党統一候補に乞われて立候補。政友会の領袖で鉄道大臣などを歴任した小川平吉を圧倒する選挙戦を展開、演説会場はすべて満員の盛況。二月一六日付の「信濃毎日新聞」は「政府側が当選確実と見る無産各党候補」の一人に藤森も入っている、と報じたほどである。

この選挙には、東京から三木清（哲学者）、岩波茂雄（岩波書店主、諏訪出身）、森戸辰男、大塚金之助、林房雄、河崎なつ、三宅雪嶺、奥むめおなどが応援にかけつけた。この時、千代子は、労農党書記局員の夫浅野晃とともに労農党本部につめて選挙運動に献身していて、郷里の人々に藤森成吉への支援を呼びかけ、実祖父母の岩波久之助、たつらもその演説会に参加、千代子らの活動に一定の理解を示すようになっていた。

選挙区では、多くの支持者が立候補決定からわずか一カ月ほどしかなかった選挙準備の劣勢を挽回すべく例年にない大雪と厳寒のなかを長靴を履き、寝食を忘れて駆け回った。その中心は選挙権のない二五歳までの青年たちであった。こうして、官憲の妨害、一票一円といわれた買収選挙のなかで、定数二名、第四位の六九一九票を獲得した。当選こそ逸したものの出身地の諏訪では第二位につける善戦であった。成吉は後に、若者に選挙権がないこと、官憲の露骨な干渉、終盤の買収攻勢の三点を敗因にあげている。

労農党の躍進　こうして労農党は、全無産政党のなかで最大の得票を獲得し、京都で山本宣治ら二名の当選をかちとった。こういった高揚した状況のもとで、総選挙を前後して労農党本部に続々と申し込まれてくる入党申込書（その数は二万とも三万人近くともいわれている）の処理に忙殺されている千代子らの姿が浮かびあがるのである。この時、東京女子大の級友森田京子も労農党本部へ出入りして「労働農民新聞」の全国発送を手伝っている。先にあげた千代子の手紙の表現は、郷里の祖父母にあまり心配かけないように「土曜、日曜は手伝いを」などとひかえ目ではあるが、内実は、彼女がもち前の粘り強さを発揮して寝食を惜しんで生きいきと活動していたに違いないのである。この活動は、在学中の千代子にとってそれまで学んできたことを社会変革運動に生かしていく最初の実践活動であったのである。この活動で確信をもった千代子は、その直後に敢然として日本共産党に入党していったのである。共産党への入党は治安維持法下では「犯罪」であり、弾圧の対象となるものであった。千代子の決意の堅さを示すものといえよう。

三　山一林組製糸工場同盟罷業

ここでその前年、一九二七年の伊藤千代子の夏休み帰省直後に起こった諏訪湖をはさんで対岸の平野村（現、岡谷市）、山一林組(やまいちはやしぐみ)製糸工場で起こった女子労働者たちの一大同盟罷業（ストライキ）と当時諏訪地方で進行していた評議会系労働組合の組織活動と千代子の接点についてもふれておきたい。この二つの接点について千代子のかかわりを示す十分な資料は現存しないが、二次的資料が存在する。

山一林組製糸工場同盟罷業　ここで、まず山一林組の大争議の背景と結果についてふれておきたい。平野村の製糸業は、諏訪湖から流れ下る天竜川の水利を利用した製糸工場で全国有数の規模を誇っていた。当時の製糸女性労働者（以下、工女という一般呼称を使用）の一般的労働時間は一三〜一六時間で、「朝は朝星、夜は夜星、昼は梅干いただいて」といわれるような長時間劣悪労働であった。朝は明け(あ)の明星の頃工場へ出て、昼は梅ぼし弁当で過ごし、夜は宵(よい)の明星を見ながら寄宿舎へ帰る、という労働の実態を言い当てたものである。

当時、山一林組は、片倉、郡是(ぐんぜ)、山十組、小口(おぐち)組、依田組と並ぶ全国六大製糸工場の一つであった。その工女たちは、貧農出身で口べらしと親の借金の肩代わりに募集人に引率されて野麦峠、和田峠、青崩峠、八ケ岳山麓越えに県外から諏訪地方に集まって来たのである。その工女たちは、低賃金、長時間労働、工場は繭を煮る蒸気と熱気・外は零下一〇度を超える寒気、四〇畳に三〇人が詰め込まれた寄宿舎、続出する結核患者、外出と信書の自由を阻まれた劣悪な労働条件に怒りを爆発させて起ち上がった。

「私どもは絶望しませぬ」　この平野村の歴史に画期となった同盟罷業が起きたのは、千代子が帰省していた一九二七年八月末から九月にかけての約二〇日間である。

当時、山一林組は三工場に分かれ、工女たちの平均年齢は一七歳、最高二三歳、最低一二歳、一二一三人のうち九〇％は女性労働者で、組合運動はまったくの未経験であったが、総同盟オルグの指導を受けて全工場の工女を組織して労働組合をつくって起ち上がったのである。そして二七年八月二八日に大会を開き「嘆願書」を提出したが、その要求が受け入れられなかったため、八月三〇日から同盟罷業に突入した。しかし、その影響の郡下一円への拡大を恐れた資本家団体、警察、消防団、在郷軍人団、右翼暴力団など権力側の総動員の攻撃が加えられ、その包囲と総同盟オルグの戦術指導の誤りから労働者は着のみ着のまま寄宿舎から追い出され、ちりぢりばらばらにされた。

それでも最後までたたかいをやめなかった四七名の工女たちは岡谷駅頭に集まり、

「私ども一八日間の努力もむなしく、ついに一時休戦のやむなきにいたりました。思えば私どもの、みじめな工場の待遇を改善して、人間らしい生活を求めるためには、私ども自身の力をまつよりほかに、何物もないことを痛感いたします。いかに権力や金力が偉大でありましても、私どもは労働者の人格権を確立するまでは、ひるまず撓まず戦いを続けます。私どもは絶望しませぬ。最後の勝利を信ずるがゆえであります。私どもを激励し援助下さった多くの人々に対して厚

く感謝します。」（要旨）

という声明を出してそれぞれの故郷へ帰っていった。

この工女たちのたたかいをあたたかく見守り報道してきた「信濃毎日新聞」の社説は、

「女工たちは繭よりも、繰糸枠よりも、そして彼らの手から繰り出される美しい糸よりも、自分たちの方がはるかに尊い存在であることを知った。彼らは人間生活への道を、製糸家（資本家）よりも一歩先に踏み出した。先んずるものの道の険しきがゆえに、山一林組の女工たちは、製糸家との悪戦苦闘ののち、ひとまず敗れたとはいえ、人間の道がなお燦然たる光を失わない限り、しりぞいた女工たちは、永久に眠ることをしないだろう」

とそのたたかいを讃えた。

南信一般労組と千代子　千代子はこの嘆願書が提出された頃はまだ諏訪に滞在していた。そして、当時評議会系の南信一般労組の集会等に参加していたことが明らかであるが、その千代子がこの工女たちのたたかいにどうかかわったかは不明である。

千代子がこの争議を直接支援したという説もあるが根拠資料がないままである。当時この争議は総同盟から派遣されてきたオルグによって指導されており、評議会系の応援を拒否して自ら孤立してしまっていた。この争議デモの最中にまかれた南信一般労働組合（評議会系）のビラは次のように訴えていた。「山一林組の争議団兄弟を見殺しにするな！　争議団諸君が全諏訪の労働者の応援をのぞんでいるのに、一部幹部が拒否するのは遺憾である。われわれはあくまで、労働者の団結の立場から争議団を応援する。諏訪製糸研究会〔資本家団体の組織〕は『争議団参加者は、どの工場でも使用せぬ』と決議した。これは山一の労働者だけでなく、全諏訪四万の労働者への挑戦だ。……」

こう見てくると千代子が組織化に協力していた南信一般労働組合はこの争議に対して十分な支援の手を差しのべることができないまま争議が終結されてしまったのである。この南信一般労組と千代子とのつながりをうかがわせる資料がある。そのなかの一つに、一九二七年の夏休みに帰省した千代子の消息についての若干の手がかりがある。

上条静枝の回想　「伊藤千代子追悼録」に実名で登場する上条静枝（諏訪地方の労農党運動の中心メンバーであった労農党長野県連常任書記上条寛雄夫人）の回想文を見よう。

「……一昨年の夏（一九二七年のこと）、唐沢清八さんと丹野節子さんが（諏訪へ）来て居られて、方々で演説会などする為に大ぜい人が集まるのですが、女は私一人ですから炊事をするだけですっかり疲れ込んだ後の出来事の様な気が致します。千代子さんは丁度暑中休暇で帰って居られたので時々見えましたが、様子でおわかりになったと見え、何とも申しませんのに（肩を）揉(も)んで下さったのです。私がいくら止めて下さいといってもいつまでもいつまでも揉んで下さったのです。……」

帰省中の千代子と諏訪の状況　労農党諏訪支部は一九二七年六月に結成され諏訪郡下で活発な活動を展開しはじめていた。同時にこの時期は、諏訪合同労組、南信一般労働組合など階級的な労働組合運動が旺盛に展開されはじめる時期である。上記の上条静枝の回想文を手がかりにして、一九二七年夏の諏訪地方の主な講演会、集会をリストアップしてみると、千代子が帰省した一九二七年八月に諏訪地方では一ヵ月間に合計一二回もの演説会がもたれ、そのうち右記の労農党の時局批判・政談演説会が八回、労働組合の労働問題講演会が四回である。そのうち唐沢清八・丹野セツの演説会はいずれも南信一般労組主催のものであることが判明した。静枝の夫上条寛雄も弁士として参加すると同時に労農党諏訪支部の責任者をかねて双方の演説会に参加している。

唐沢清八は、長野県下伊那郡高森町出身で当時、諏訪地域の評議会系組織である諏訪印刷工組合同工会の中心的活動家で、この後の第一回普通選挙では東京四区から立候補した。千代子はこの唐沢を尊敬し、しばしば学習会で唐沢の活動態度を賞賛していたことから、帰省中のこの時の演説会に参加して唐沢らと交流があったと思われる。上条静枝の回想文は、この時千代子が南信一般労組の演説会場に足しげく通って世話をしていたことがわかる描写である。

日本製糸労働組合の追悼文　その千代子の訃報に接した諏訪の日本製糸労働組合は救援会との連名で、「工場で働く者の真の味方伊藤千代子さんを闘いで葬う日」と題する追悼文を発表している（第一二章）。千代子がこのように南信一般労組の講演会などに参加していたことが明らかになった今日、はじめてこの「追悼文」のもつ意味が鮮明にうかびあがってくるのである。この「追悼文」は、千代子が諏訪の労働組合運動の活動家たちにぬき難い信頼と尊敬を残していたことを証明しているのである。こう見てくると、一九二七年夏、帰省中の千代子が寸暇を惜しんで労働組合の組織化に協力している姿がうかびあがるのである。山一林組の争議が九月に入って大きな転機を迎えていた時、つまり権力の総動員との決戦を迎えた時には千代子は諏訪を去っていたが、千代子らの協力で組合の力を拡大していた南信一般労組は、山一の工女たちに連帯の手をさしのべつつあったのである。

浅野のプロポーズ　労農党諏訪支部へオルグに来ていた浅野晃が、大学から帰省中の千代子と会い結婚を申し込んだのはこの時である。かねて、学外のマルクス主義学習会で知り合い、聡明で真面目な千代子に心惹かれていた浅野のプロポーズを受けた千代子は、翌日、上条の家で開かれていた労農党支部の集会に浅野を訪ね、諏訪湖畔に出て将来を誓い合った（東栄蔵前出書）。

第九章　一九二八年三月一五日　朝

伊藤千代子は、第一回普通選挙の実践活動のなかで鍛えられ社会変革運動に献身していく確信を深めつつありました。その直後に勧めをうけた千代子は率先して日本共産党への入党を決意します。すでに治安維持法が猛威をふるっていて、日本共産党への加入は「犯罪」として逮捕・投獄の対象であったさなかでした。その千代子にさらなる試練が襲いかかります。

一　入　党

官憲側資料によると、「被告人伊藤千代子に対する本件起訴事実は同被告人は昭和三年二月下旬氏名不詳者の勧誘に応じて日本共産党が前記のごとき目的を有する秘密結社であることを知りながら之れに加入したるものなり……」（赤津益造外十三名治安維持法違反被告事件予審終結決定書　一九二九年一〇月三一日）とあるが、伊藤千代子の日本共産党への入党は、この年の二月二九日である（第二回「訊問調書」で千代子は二九日午後、推薦者は水野成夫（しげお）と明確に述べている）。

入党した千代子は、ただちに党の中央事務局に所属し、事務処理や党幹部との連絡、重要文書のガリ切り等の任務についた。入党したばかりの彼女がこのような重要な任務についたことは、彼女の試されずみの活動、理論水準の高さを示している。その彼女に直接の指示を与えていたのが事務局長の水野成夫である。

こうして一九二八年三月一五日朝を迎えた。その朝、千代子は党の重要文書である「政治経済情勢に関する日本共産党のテーゼ（草案）」を前夜から徹夜でガリ切りをしていたが、文章の不明箇所があり、その照合のために、滝野川区西ヶ原（現北区）の党印刷所に出向いたところを待ち伏せしていた特高警察の追跡をうけ逮捕され、警察署に連行されたのである。

当時、日本共産党をはじめ日本の労働運動は、それ以前にも何度も弾圧の波をくぐってきていた。天皇制政府と特高警察は、日本の革命運動勢力は完全に抑えこんだと考えていた。ところが一九二八年二月二〇日におこなわれた第一回男子普通選挙で労農党候補が猛烈な選挙妨害のなかにもかかわらず全国各地で奮闘し、京都では山本宣治らが当選をかちとった。この選挙のなかで、選挙演説会の聴衆にむかって日本共産党のビラが公然とまかれたのである。解党主義や弾圧の困難を乗り越えて共産党がふたたび国民の前に公然と姿を現してきたのである。驚愕した政府、官憲側はその事実をつかむや特高警察を総動員してこの日未明、全国一斉（一道三府二七県）に大弾圧をかけて襲いかかり、この時一六〇〇人におよぶ共産党員と活動家を検挙したのである。

二　本郷区湯島5丁目3番地　亀井方

二つのキーワード　この時、伊藤千代子と浅野晃が活動のための居所をどこにおいていたのだろうか。それを示す資料は次の二つである。

一つは、千代子が逮捕されたあとの「赤津益造外十三名治安維持法違反被告事件予審終結決定書」（前出）である。それによると、

伊藤千代子　無職　当二五年〔歳〕

本籍　長野県諏訪郡湖南村４３５４番地

住居　東京市本郷区湯島５丁目３番地　亀井方

二つは、夫の浅野晃の証言である。浅野は、千代子が病死した年の一九二九年一一月四日に収容先の豊多摩刑務所（現中野区、廃所）から「伊藤千代子追悼録」に一文を寄せていて、そのなかで次のように述べている。「……私共が一しょに生活したのは、僅か半年余りでした。言わばわれわれは出発したばかりの処でした。あの記念すべき三月一五日の朝八時頃、彼〔女〕は私より一足先にうちを出かけた（当時、私共は湯島の床屋の二階に巣くっていましたが）のですが、それきり彼〔女〕は帰って来ず、私も亦四月八日に捉えられ、そこで私共の未決生活が始まりました。……」

私の関心は、この「湯島５丁目３番地　亀井方」と「湯島の床屋の２階」というこの二つのキーワードを使って二人の居所を特定することはできないか、ということであった。

私が、千代子の「居所」の特定に関心をもって調査を開始しはじめたのは、二〇〇〇年の春からである。ちょうどこの頃、旧産別会議の財産を継承して活動していた平和と労働会館（東京・港区）が「平和と労働センター・全労連会館」の建設立地を文京区湯島二丁目四番四号に確定し、同年の四月から建設工事が開始された。私はこの建設委員会事務局に参画していて建設現場との間を往復する日々が続いていた。

昭和初期の本郷区　当時、私の手元には、昭和七（一九三二）年発行の本郷区の地図（なお、現在

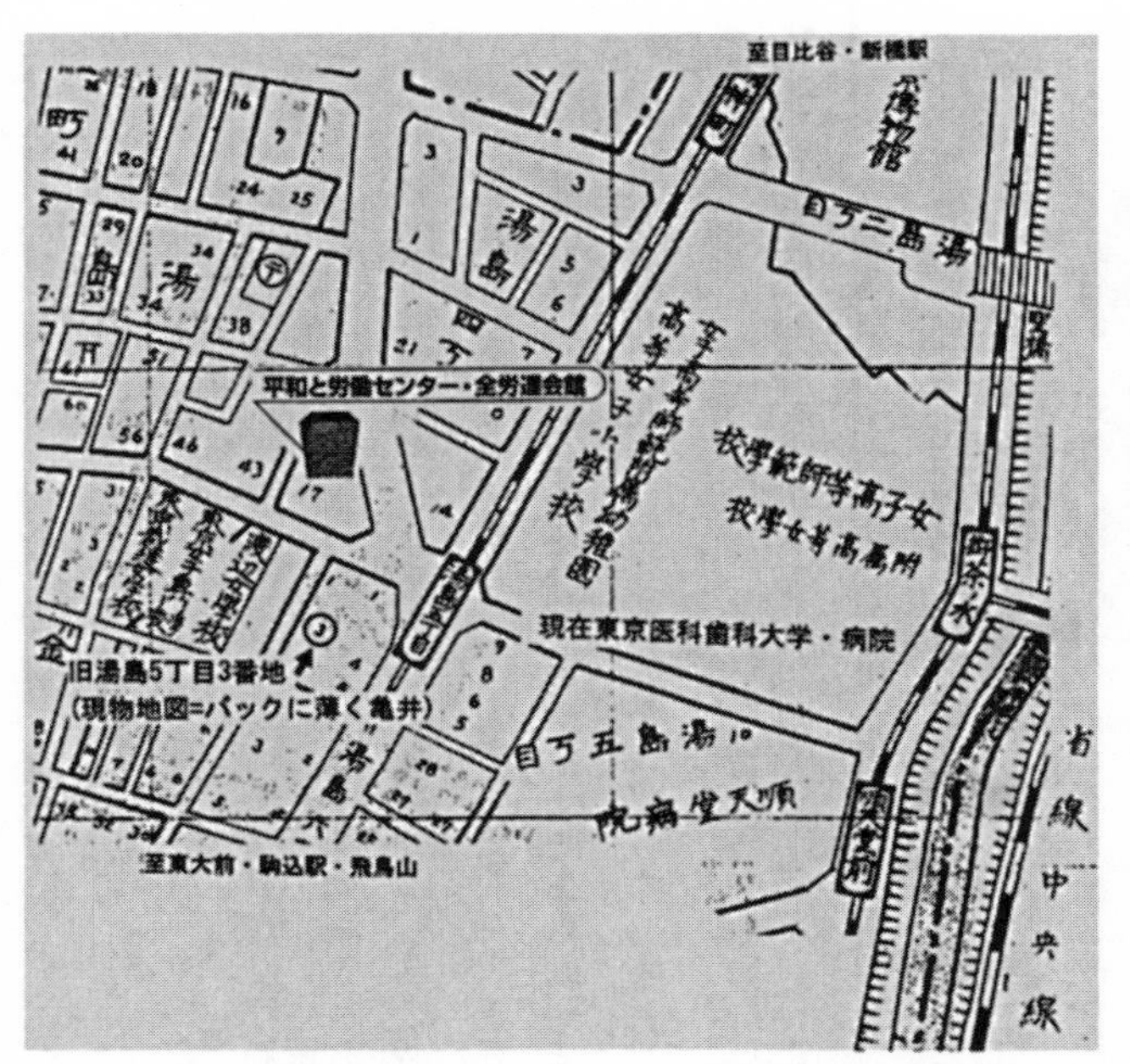

1928年３月15日、伊藤千代子が出立していった湯島５丁目の居所を示す地図

の文京区は当時、本郷区と小石川区に分かれていた）があり、それが調査の唯一の資料であった。それによると、「本郷区湯島五丁目三番地」は、全労連会館建設地の斜め向かいの一〇〇メートルばかり先、つまり順天堂医院裏の本郷通りに面しているのである。この本郷通りは、以前は東京市電（のち都電、現在は廃止）が走るメイン通りであった。私は建設現場へ赴いたあと、昼休みなどを使って何度もこの地を踏み、戦前の当時を知る人がいないか、「亀井床屋」の痕跡はないかどうかなどを捜し歩いたが、その試みはすべて徒労に終わった。戦後の都市変貌はすさまじくビルが乱立するこの地では、どだい無理な話しではある。そうこうしているうちに、ふと、「あの慎重な千代子が、こんな表通りに活動の居所をもつだろうか」という素朴な疑問が湧いてきた。

その後二〇〇一年六月、全国からの募金活動によって新会館「平和と労働センター・全労連会館」がオープンし、それにともなって私自身の勤務も、この湯島に移ってきた。いわば毎日、千代子がわずかな期間ではあったが生活したこの地を踏みしめることとなったのである。落ち着いて千代子の居住地捜しができるようになったのは、二〇〇二年の秋からであった。今度は、右記の「疑問」がベースになった。なにか重要な問題を見落としているのではないか、という思いがあった。そして、捜し出した昭和三年六月発行の地図には、湯島五丁目は、本郷通りを挟んで反対側にも飛び地していたのである。こうして、ついに本物の「湯島五丁目三番地」に到達したのである。そこはなんとわが新会館から五〇メートルばかり先の、ちょうど湯島総合センター・湯島図書館の前にあたる場所であったのである。しかもその地図は、いまでいう職業地図のはしりともいうべきもので、湯島界隈（かいわい）のさまざまの業者の名前が二色で薄く刷り込まれ、裏面にはその正式名称が職業別に明記されていたのである。その地図には、五丁目三番地の「3」のところに二重に「亀井」という屋号が打たれているのである。裏面には、「理髪業者」リストがあり、それにも同番地に「亀井調髪処」という文字が見える。こうして、「五丁目三番地　亀井方」と「亀井調髪処」とが同一箇所であることが判明した。

生き証人　その後、湯島不動尊を自宅の庭に持ち、家も古く、しかも「亀井調髪処」と三〇メートルしか離れていない戸田さんにお声をかけたところ、「戦前、亀井床屋さんとはおつき合いがあり、利用していた」「場所は現在、栗原の倉庫になっているところ」〈現在、老人ホーム〉と当時を知る人の具体的証言が飛び出したのである。また当時、「その隣には渡辺女学校の寄宿舎があった」という。渡辺女学校は、現在の湯島総合センターの場所そのものである。「亀井さんが、戦後どこへ越したかはわからない」というご返事であった。こうして生き証人によっても「亀井調髪処」の存在が証言されたのである。

三　党印刷所へ

ではその朝、伊藤千代子はどの方面の、どこへ出かけていったのだろうか。これについては次の二つの証言や文献などがある。

浅野晃の証言　一つは、浅野晃が東栄蔵氏に語ったものである。そこでは「その日の朝」は次のように語られている。「浅野晃の記憶によれば、三月一五日朝八時半ごろ、伊藤千代子はいつものように共産党中央事務局へ出掛けていったが、水野成夫から託された『赤旗』の原稿を持って、当時滝野川にあった党の秘密印刷所へ行き、そこで逮捕され……その日逮捕をまぬがれた浅野は千代子のことを考えて、隠れ家の床屋の二階で寝られぬ夜を過ごした……」

原菊枝著『女子党員獄中記』　二つは、原菊枝が、千代子の死の翌年、つまり一九三〇年暮れに出版した『女子党員獄中記』（一四一頁参照）である。原菊枝は、同じ三・一五事件で逮捕され、市ヶ谷刑務所で千代子の独房の近くに収容され、ともに獄中でたたかった仲間である。伏せ字だらけのこの本の最後尾に原菊枝は「千代子さん！」という一項目をおこしていて、そのなかに千代子から直接聞いた話としてつぎのくだりがある。

「当時、千代子さんは駒込方面の或る家へ使いに行った。そして、『ご免下さい』と何時ものように玄関に立つと、大きなバスの声で『いらっしゃいませ、お待ち申して居りました』との返事が聞こえてきた。変なききなれない声だ、奥さんの声ではなし、スパイだ！　と一瞬間に感じた。……」

共通項　以上の二つの文章から共通してうかびあがってくるのは、千代子がその日の朝出かけて行ったのは、①駒込、滝野川方面の、②党の印刷所ということである。とすれば、千代子はその朝、市電「湯島五丁目」から「本郷三丁目」「東大前」「駒込駅前」を経由して滝野川方面へ移動していったことになる。

「赤旗」の発行　日本共産党は、前年の一九二七年、党の綱領的文書「二七年テーゼ」を発表し、強大な党建設へむかいはじめていた。その具体化のなかで党中央委員会の機関紙の発刊が計画され、翌二八年二月一日「赤旗（せっき）」第一号が発行された。月に二回発行で、三月一五日は第四号の発行日であった。「赤旗」の創刊事情は、犬丸義一・塩田庄兵衛監修で発行された『赤旗復刻版』（白石書店、一九七三年刊）の解説で研究、言及されている。それによると、「赤旗」第一号から第四号までは滝野川の党印刷所で発行された事が判明している。

滝野川町西ケ原　では、その印刷所はどこであったのか。「徳田球一外三六名治安維持法違反被告事件予審終結決定書」に、斉藤久雄の居所にかかわる記述が見られる。

「被告人斉藤久雄ハ、同三年一月上旬頃同党中央部印刷局員ニ任セラレ其後同年三月一五日迄其任ニアリ該当期間中東京府北豊島郡滝野川町字西ケ原百六番地被告人方ノ印刷所ニ於テ中央部ヨリ事務局ヲ介シテ交付セラレタル原稿ニ基キ　赤旗第一号赤旗第二号　赤旗第三号赤旗第四号

……ヲ印刷シ之ヲ事務局ニ交付シ」

これにより三・一五弾圧で壊滅されるまでの党中央部印刷所は滝野川町に在ったということがほぼ特定できるのである。もちろん、前記『赤旗復刻版』解説で犬丸義一先生が強調しているように、特高警察文書類、裁判調書などについて取り上げる場合、それを批判的に検討することが求められている。が、斉藤久雄は、三月一五日未明に同印刷所で特高警察によって検挙されており、住所の特定は

間違いのない事実である。

原菊枝の『女子党員獄中記』は続く。前記の引用文の次に注目されたい。「……変なききなれない声だ、奥さんの声ではなし、スパイだ！＊と一瞬間に感じた、そしてスタコラと街頭に逃げ出した。前の洗濯屋の小僧さん達は、何事かとばかり、家の前へかけ出して来て眺めていたそうだ。町の人達も朝早くから、併も、きれいな若い女の人が、トットとかけ出すのだから、何事かと驚く中を、全速力で走ったが、大きな男にはとうてい勝てない、とうとう電車道でとっつかまってしまった。町の人は珍しい活劇を黒山のように集まって、何だ何だと眺めてた。……」（＊＝当時は特高警察をスパイと呼称していた）

四　所持文書

文書破棄　では、伊藤千代子は格闘の末、特高警察にどのようにして連行されたのだろうか。『女子党員獄中記』の描写の続きを見よう。「そして大の男二人に捕へられて、縄で片手を縛られ、自分の帯の所へくくりつけられた。懐には大切な何かが、二つ三つ入っていた。……手に持っていたものはもう先にとられてしまってる。見付かった時は仕方がないと腹を決めて、……

懐の中の状袋を静かに解いて、中からそろそろと引き出した。次には音のしないように、感づかれないように、それを裂き始めた。何と云っても三通もあったのだそうだから、一通りの苦労ではない、……そしてとうとう警察にきてしまった。千代子さんは考えた。『済みませんが、御不浄〔トイレ〕へやらして下さい』、『一通り調べてみなければ』と一人のスパイが云いだした。調べられては、凡てが終わりだ。『今体の調子が悪いのです。月経ですから、とにかく、御不浄へ先にやって下さい。』スパイも、しばらく考えていたが、女って奴は仕様がないな、まあ行ってこい、ということになって、とうとう大勝利、この事は、不浄場で完全に消滅されてしまったのだ。千代子さんは実にえらかった。この話でもわかるように、実に奇智（ママ）に富んでいた。そして真面目で、勇敢だった。私はこの話を聞きながら、感激した」と書き残している。

所持文書・伊藤千代子方押収文書（原稿）

湯島の伊藤千代子方から押収された**（別掲資料）**中に、

（昭和三年押第四四二号の二九〇九　伊藤千代子方押収）

政治経済情勢に干（ママ）する日本共産党のテーゼ

と題する文書がある。

昭和三年押第四四二号

證拠金品総目録

符號	品目	員数	被差押人又ハ差出人住居氏名
2909	政治経済情勢ニ干スル日本共産党テーゼ原稿	一部	伊藤千代子
2910	大衆党活動ノ日本共産党ノテーゼ原稿	一部	仝
2911	一号（二九〇九）二号（二九一〇）ヲ記シタ謄写原紙	四枚	仝
2912	謄写版用鉄筆	一本	仝
2913	謄写原紙	六枚	仝

▲伊藤千代子の居室からの押収物の一覧
（提供：大原社研）

この文書は、『現代史資料』14（「社会主義運動1　山辺健太郎編　みすず書房）編者の山辺健太郎氏の資料解説によると、「これは当時開く予定になっていた日本共産党大会（政治テーゼにいう第2回大会）に提出するための草案である。しかし、三・一五事件のために大会はついに開かれず、したがってこの草案は党内ですら未発表のものであるが、一九二八年三月という時期の党の見解を示すものとして本書におさめたものである」と。

「伊藤千代子方」から党の最高幹部しか知らな

い草案が、しかも原稿で発見され、押収されたことは当時、千代子が党の中央事務局員として党幹部間の連絡や文書の整理、ガリ切りの作業についていた事を示している。

徹夜して原紙切り　この間の事情について、後に千代子は予審判事の第三回訊問（一九二八年一二月八日）に対して次のように述べている。

「水野成夫は、……私に大衆党の活動に付いての日本共産党のテーゼと題するものと、政治経済情勢に関する日本共産党のテーゼと題する二通の原稿を渡し、その二つは翌朝までに原紙に切り上げて古賀の処（党印刷所のこと）に届けてくれと申しました。…それで私は同月十四日の晩は徹夜して共にそれを切上げて仕舞い、唯その政治経済情勢に関する日本共産党テーゼの最後の半頁程文字不明の部分がありましたので古賀方に行き、その文字不明の部分を聞いた上で切上げ様と思い…十五日の午前八時半頃右古賀方に行きましたところ同家に私服の警官がいて私を逮捕致しました。（要旨）」

検束者名簿　ところが、警視庁特高課の「秘密結社日本共産党事件検挙調」（警視庁特高警察課長纐纈（こうけつ）弥三文書）の「三・一五事件」で同日から一七日までの東京府下各警察署の全検束者リストには伊藤千代子の氏名が見当たらないのである。党の印刷所のある場所を管轄したのは、滝野川警察署であり、その管内での検束者名簿には次のように関係者が記録されている。

「滝ノ川警察署関係　藤原久（26）、山田フミ（23）、村田かず子（23）、喜入乕太郎（27）、水野成夫（29）＝以上十五日検束」。

この内、藤原（久雄）は党印刷所責任者、水野は党中央事務局長、喜入は同事務局員である。村田という女性については不詳。ところが前記に続く訊問で、「私は逮捕された時に村田かず子と名乗りましたがそれは出鱈目に仮名を使ったのであります」（要旨）と述べている。特高警察はまんまと欺かれ、警視庁に報告していたのである。

これらのエピソードは、伊藤千代子が検挙時にいかに沈着、大胆にふるまったかを示していよう。

再建活動　一九二八年三月一五日の日本共産党とその協力者への大弾圧の内容は、有名な小林多喜二の小説『一九二八年三月十五日』でよく知られている。特高警察は、用意周到に張り巡らされたスパイ網をつかって内偵をすすめていて、三月一五日未明に日本中の党の幹部、重要施設等にいっせいに襲いかかったのである。彼らはこの弾圧で党と協力者の社会変革運動を根こそぎ壊滅させたと豪語していた。

しかし、当日朝、大弾圧の嵐をかいくぐって党中央事務局と印刷局の再建活動がはじめられたのである。逮捕をまぬがれた渡辺政之輔、市川正一らである。そして破壊された党印刷所を再建し、一週間後の三月二二日には「赤旗」五号を発行して反撃を開始した。

そして渡辺政之輔や市川正一らは困難ななかで党再建活動をおしすすめた。その後、渡辺政之輔は、海外からの帰国途上、台湾のキールン港で武装警官隊に包囲されピストルによって自らの生命を絶った。市川正一は、翌年の四月二八日、いわゆる「四・一六事件」で検挙され、「獄中の非人間的な待遇のために栄養失調となり、歯を失ってほとんど食事もできない状態になったが、それでもなお燃えるような闘志をもって侵略戦争に反対し、断固としてたたかいつづけ」（『日本共産党の七〇年』）日本帝国主義の敗北五ヵ月前の一九四五年三月一五日、宮城刑務所で獄死した。全部の歯を失った市川は雑穀やコーリャン、麦飯を指ですりつぶして口に入れていたという。その死は故意に遅れて遺族に知らされたため、遺体は引取り手のないものとして東北大学医学部で医学生の解剖材料とされ、戦後の一九四八年三月、その無残な遺体が発見されるまで解剖室のホルマリン池に放置されたままであった。

第一〇章　市ヶ谷刑務所にて——獄中の千代子

伊藤千代子は三月一五日の弾圧で特高警察に逮捕され、拷問のあと拘留されたのは市ヶ谷刑務所の未決監でした。現在、都立総合芸術高校（旧・都立小石川工業高校）のある場所です。

一　検挙、拷問

特高警察は、一斉検挙の早朝に党中央メンバーしか知り得ない党印刷所に現われた伊藤千代子を重要人物の一人とにらんで検挙、連行し滝野川警察署で取り調べたが千代子は重要事項については一言も喋らなかった。その態度が特高警察の憎しみをかい、髪の毛をひっぱる、エンピツを指の間に入れてねじまわす、殴る、蹴るなどの拷問が続けられた。

クモの巣の張る独房　そのために千代子は、高熱を発したまま市ヶ谷刑務所の女区病舎独房に収容された。その部屋は刑務所本館との入り口に近く、クモの巣の張るじめじめした病人隔離部屋であった。収容された千代子は拷問で受けた傷のため一〇日間も起き上がることができなかった。

この三・一五事件で検挙され同じ市ヶ谷刑務所に拘置された原菊枝は千代子の独房のすぐ近くの病舎に収容されていて彼女と直接会話を交わした数少ない同志である。前章で紹介したように、彼女は

『女子党員獄中記』で当時の千代子の語ったこととして次のように伝えている。「……私の室は私が入るまえ幾年もの間物置にも使っていたのを、だんだん同志が入ってき監房が足りなくなって、あわてて中の道具を出して、その代わりに私を詰め込んだらしいので蜘蛛の巣が一杯かかっている。ご不浄の板を上げて見れば、この中も塵芥と蜘蛛の巣で足などとても踏みこめそうでもない……」と。

二 同志たちを励まして

やがて病気から立ち直った伊藤千代子は、旺盛な学習意欲を示し、『資本論』をはじめ差し入れを頼んだ政治、経済、歴史書、英語文献（制約があったが）などで読書に励んでいた。また、市ヶ谷刑務所の女区は、獄中の連絡を困難にするために共産党員と一般収容者とを交互に収容していた（**次頁図参照**）。そうしたなかでも千代子らはやがて房内での連絡を回復し、相互に励ましあい情報交換に成功した。大声を出してお互いが誰であるかを確認しあうことから、厚い壁を叩いて信号を送ったりした。さらには運動場の中庭の地面に看守の死角を選んでそれぞれが知り得た情報を簡単に書きこんでいく、というように。だから千代子たちは渡辺政之輔がキールン港で警官隊に包囲され自殺したことなどのニュースを早い時期に知っていた。

塩沢富美子との邂逅　またその年の秋に、共産青年同盟員の氏名がもれて検挙された千代子の東京女子大の後輩塩沢富美子は、大胆にも留置場で着物の襟にエンピツの芯をしのびこませて獄中に持ち込むことに成功した。それからは連絡は中庭の大木の根っ子の石の下にチリ紙などに書いて情報交換に使われたという。彼女たちの困難ななかでも知恵と工夫で不屈にたたかう姿が見られる。

こうしたなかで千代子は、獄中の他の同志への気配りと激励、待遇改善の要求でたたかい、いっぽう獄外の人々には手紙で激励を続けている。また、同じ獄中にあった夫浅野晃に対しては浅野の母親ステを通じて健康を案ずるなど自らの苦況にもかかわらず温かい心配りをしている。

塩沢富美子は、翌二九年、こぶしの花の咲く頃〔三～四月〕、運動場の中庭から「リツ、リツ」と自分の変名を呼ぶ千代子の声に励まされた。「そのうち、思いがけず運動場から私の房の窓に向かってよびかける伊藤千代子をみた。……思いがけない声に私は夢中で、窓にとびつき、わずかに外をみると彼女は元気な笑顔でたっていた。一年振りにみた彼女の姿だった。そしてこれが最後となった。『資本論は四月まで許可されたが今はだめ、何を勉強しているの』などと話しているうちに看守に気づかれつれ去られた」（『野呂栄太郎とともに』）。

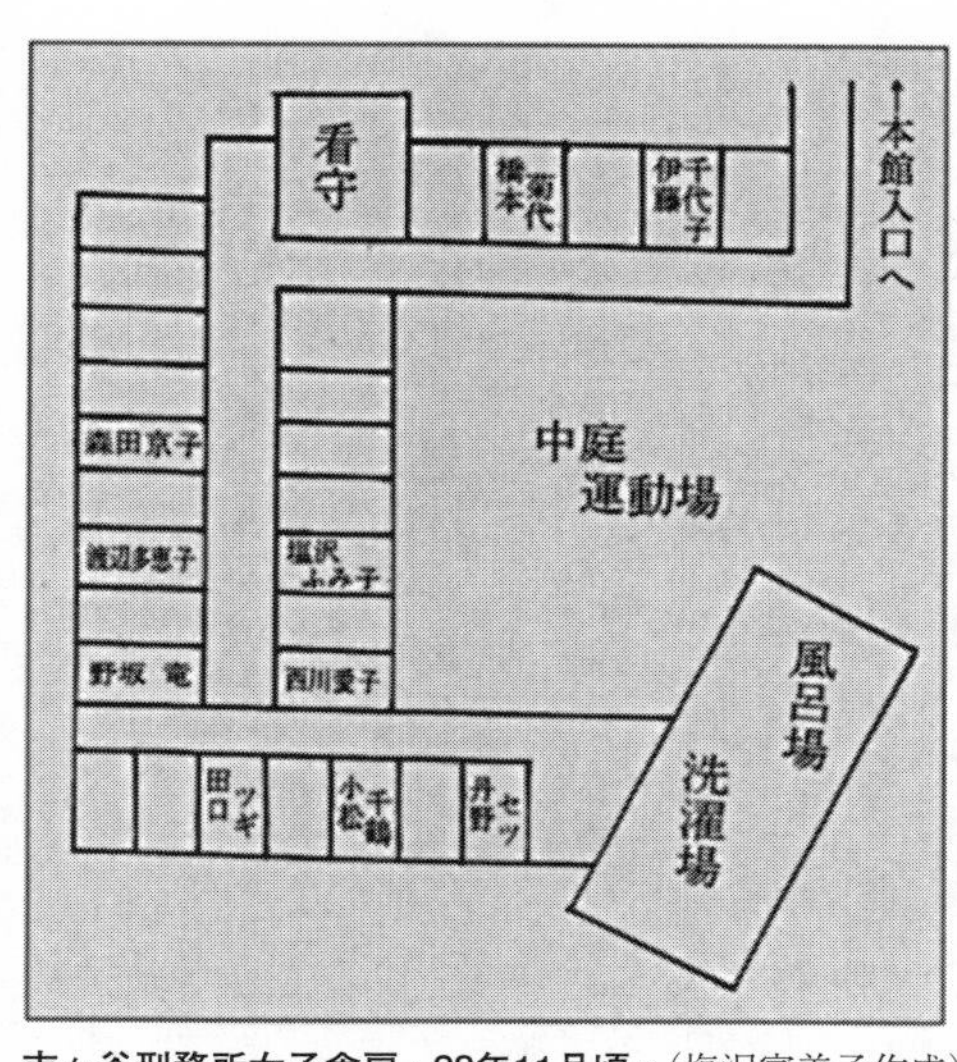

市ヶ谷刑務所女子舎房・28年11月頃・（塩沢富美子作成）

実に輝ける同志　また原菊枝は「千代子さんの監房における生活振りは実に輝けるものだ。何故って、千代子さんは多くの外ではたらく同志の事、そして中に同じく入っている金銭にも衣服にもこまっている同志のことを考えて決して自分丈の生活の満足を計るような事はしなかった。誰々が困っている。誰々は本がない。と敏感に頭を動かして凡て自分のものをその方へ入れるように努めておられた」「千代子さんには何時も一月に一回面会があった。そんな事も他の面会のない人に対して済まないと云っては、自分の面会を出来るだけ広く利用できるようにしなければ他の同志に対して申し訳ないと云っておられた」と尊敬をこめて記している。月に一回の面会は、浅野の母親のステであった。ときどきは浅野の妹のあや子も面会に訪れた。同じ市ヶ谷刑務所に拘留中の浅野晃を交互に訪ねては、情報を伝え合う役割を果たしてくれていた。

三　獄中からの手紙

「伊藤千代子追悼録」　伊藤千代子が非業の死をとげた年の一二月、浅野あや子が、「伊藤千代子追悼録」をガリ版刷りで作成して関係者に配布したことが知られている。そのうち現在残っているものはB４用紙で一二ページ。全体のページアップから検討して欠落分は約一三ページと推定される。これは一九七〇年三月、伊藤千代子研究者の東栄蔵氏が浅野晃から譲り受け、その後、一九九九年七月、日本共産党中央委員会に寄贈されている。私たちは手を尽くして現在もその完本の追跡をしているが、今日まで発見されていない。

この「追悼録」には、現在判明しているだけでも一七通の千代子の手紙が収録されている。欠落ページ分について推定すると約三〇通近くが存在したと見られ、合計（推計）五〇通近くが獄中から発信されていたものと推定できる。千代子の手紙を発信できた拘留期間は一九二八年三月から翌二九年七月末までの一六ヵ月間になり、収録されている部分だけで平均して毎月三通の手紙が獄中から発信されていたと推定される。強靭な精神力がなければ考えられないことである。その「追悼録」所収の「手紙」の一部を紹介していこう。

『資本論』禁止、本のない一日は　佐々木なつ子（本名　斉藤なを子、尚絅女学校の友人、一九二五年共に上京、東京女高師在学中）宛て一九二八年五月五日発信。「メーデーを過ぎた二日の朝、例の如く『資本論』を読んでいる所へ、〝本日より一日一回八銭の菓子の購入を許可す〟という素晴らしい告知状が舞い込んで来ましたのでますます元気百倍して読んでいますとお菓子の来ぬ昼前に〝お前の読んでいる『資本論』をよこせ！〟何度抗議しても……『資本論』は帰って来ず……夜に入ってやって来たものは『資本論』差し止め告知一片。……本のない一日は身のおきばもなくたまりません。今日はマルクス・デーですね。どんなことをしていらっしゃるでしょう。……」

独房は蒸し風呂のようです　大澤久子（本名　小澤久代、小澤正元夫人）宛て一九二八年七月一〇日発信。「……いよいよ本ものの夏がやってきて独房は丁度蒸し風呂のようです。体の弱い人はたまらないでしょう。ほしい本は取り上げられて、この頃はキカイ的な語学と小説ばかり読んでいます。ゴーゴリ、ゴーリキーもお馴染みになってしまいました。すみませんが英語の本を入れてくれる人がいなくなりましたので研究社出版、博文堂叢書中のギッシングのヘンリー・ライクラフトの手記とかいう訳のある本です。……辞書はあります。……ブル新聞の記事位おひまの時にお知らせ下さい。」

また同じ小澤久代に宛てた同年の七月三一日付の手紙は「監房は暗くシケくさくてたまりません」と書き、帝国憲法など何冊もの差し入れを頼んでいる。

このように検挙投獄された一九二八年から二九年前半にかけて、千代子は実に生きいきと手紙の形で獄中生活を獄外の同志たちに伝えている。読書と学習に励み、さまざまの文献の差し入れを頼んでいる姿がうきぼりになる。

しかし、その千代子は二八年暮れ近く、頸部リンパ腺炎を病んだが、所内医師は水銀軟膏を与えただけであった。ついで、足の裏に黒い斑点ができ、リュウマチで座っていられない状態におちいる。

そして二九年二月頃には　生理もほとんど止まってしまう。他の同志たちが病気などで保釈されていくのに供述や変節を拒否してがんばるものには重病になっても保釈せず拘留を続けた。女区では千代子ら数人はそのまま拘留が続いた。にもかかわらず、獄中からの手紙には私は元気でがんばっている、と伝えている。それは、一九二九年前半までのすべての手紙に共通している。千代子が外部の人たちにいかに心配をかけまいとしているかが痛いほどよくわかるものである。

四　変節攻撃のはざまで——誠実に生きた証し、生前最後の手紙

一九二九（昭和四）年四月から五月にかけて、伊藤千代子の推薦者で共産党指導部の一員だった水野成夫（戦後はフジ・サンケイグループのトップにたち財界の中枢で活躍）が、同じ市ヶ谷刑務所で、思想検事に屈服して日本共産党が「二七年テーゼ」でかかげた「君主制廃止」のスローガンをおろし「天皇制支持」を表明、同時に共産党の解体出直しを主張するようになった。水野は担当の平田勲検事の誘導で五月二三日「日本共産党脱退に際し党員諸君に」という上申書を書いて変節した。水野はこれより前の年初からこの考え方を「手紙」の形で書き平田検事はそれを最大限利用し、獄内の主要メンバーに読ませて意見書交換の形で変節を誘導した。河合悦三や南喜一、門屋博などがこれに同調し、そのために同調者が獄内に拡大していった。

獄中の浅野晃も千代子も否応なしにこの激変の事態に巻き込まれていったのである。

獄中最後となったこの時期（五～七月下旬）の千代子の現存する手紙は四通である。この四通は、はからずも獄中での変節攻撃に千代子がいかに立ち向かったかを伝えるものとなっている。

あの地しばりのように命がけで　まず二九年五月八日付の義妹の淑子宛ての手紙は「伊藤千代子追悼録」にも収録がなく未見のものである。手紙は獄窓から見えた地しばり（キク科）を観察し「命あるものはみんなあらん限りに生きようとしているのですね。生きようとするからこそ、その大切な命を投げ出すのですね」とのべて、一年余の拘禁がつづきリンパ腫やリュウマチに苦しみながらも学習を続け、この雑草にことよせて命がけで革命運動に生きていく決意を伝えている。そして「私は丈夫でお金ももっているから差入れの心配などしないように」と自分の困難は秘めながら周囲を励ます一貫した姿勢が見られる。なお、この手紙には一四行の墨ぬりが見られるが、公開された手紙を検討した結果、これは検閲削除ではなく千代子自身のものであると思われる。

変節攻撃とのせめぎあいのなかで——義母ステへ　ところが、次の義母ステへの七月二六日付二通（同日発信その一、二）の手紙には、いつもの千代子に見られない冷静さを欠く興奮した文面が前面に出ている。その文面は、①裁判所に行き同志たちと会い感動して泣きとおし一睡もしていない。②自分も「あの人達」に同感して「日本の民衆の幸福の為に！」命がけでたたかう決意を誓いました。③「あの人達」の中には「あなたが地上で最も愛される人もいます」（夫の浅野晃のこと、藤田注）。④「あの人達」は今この全運動を獄の中で背負っている。⑤

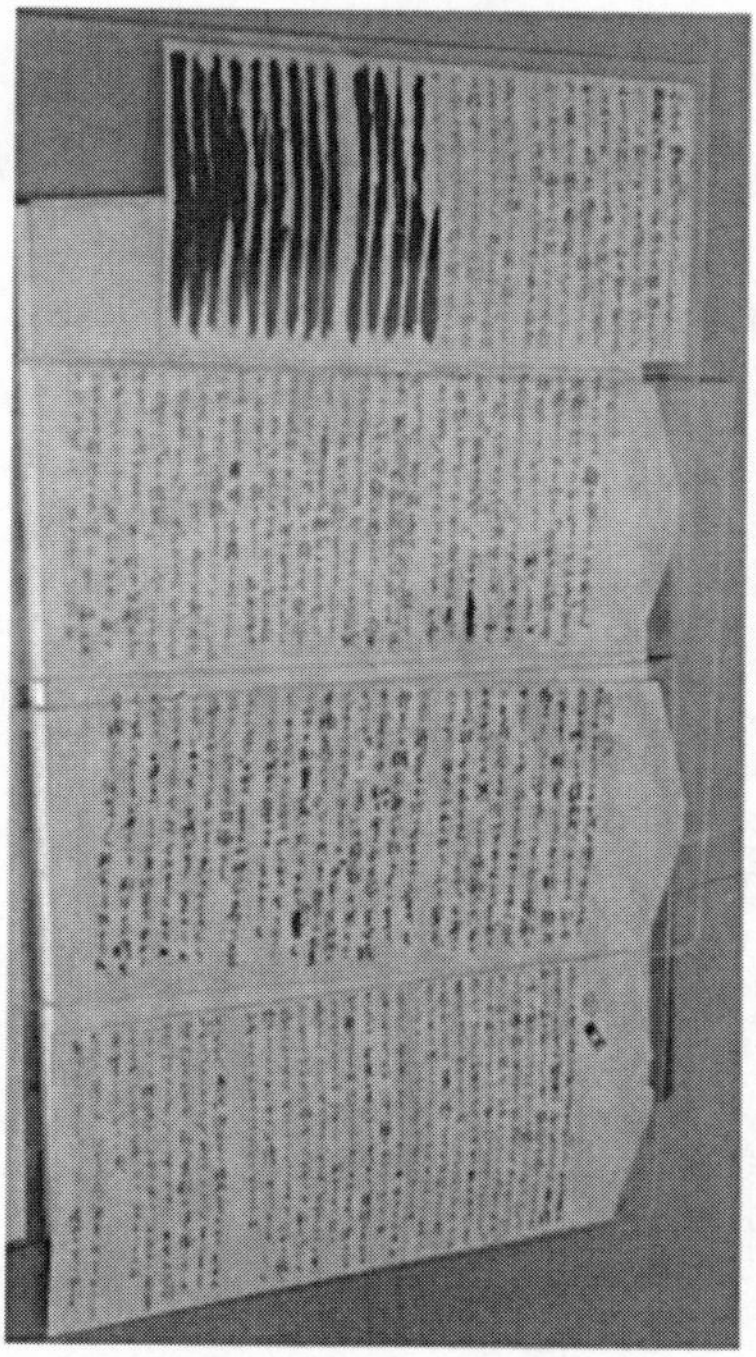

公開された４通の手紙（上から5/8・7/26 2通・7/29。いずれも封緘ハガキ）

まだ感動で頭が混乱しているが、もう落ち着きかけている、と。

当初、千代子は信頼する夫が変節するはずはないと考え、これは検事側の謀略だと言って女性同志たちとともにがんばっていた。しかし一方で、水野と最も親しい浅野が同調しているという話は真実ではないか、という危惧があった。

ところが裁判所で「日本の民衆の幸福の為に！」と主張する「あの人達」の弁論を耳にはさみ、このスローガンこそ革命運動の原点にすえるべきものだと感動、興奮して獄舎へ帰ってきて義母への手紙をしたため、いちばん気遣っていた夫ががんばり通している！　私も「全生命、全心臓をもって」がんばることを誓ったと、あふれんばかりの喜びと安堵の気持ちを一刻も早くと書き送っている。同時に、手紙には「あの人達」とか「あなたが地上で最も愛される人」など検閲を考えて注意深く言葉を選んでいて、一時的に興奮はしたが原則的な立場をまもる千代子がうかびあがる。

前便を否定して立ち直る　この三日後の七月二九日付、義母宛て生前最後の手紙が発信される。千代子はこの手紙の冒頭「次便で詳しくと申し上げましたが、もうその必要がなくなりました。理屈がいやになりました。身の程知らずの私を笑ってくださいまし。監獄のご飯をこんなにおいしく頂いた朝はございません」と書いて、気落ちしつつも、前便の内容を否定していくのである。

直筆手紙が語る真実　この手紙の発見・公開（一五七ジペー『地しばりの花』に全文収録）は、この当時の千代子をとりまく激変、千代子の対応のこれまでの考察について、私に再検討を迫るものとなった。

これまで私は、二六日の興奮した文意、「追悼録」に収録されていた二九日の落胆を隠さない冒頭三行だけの文意のなかに、千代子の変調の予兆を見て精神的混乱のはじまりの手紙というように考えていた。しかし、今回の手紙の公開で明らかになった全文章を慎重に検討し、これまでの自分の考察を変更せざるを得なかったのである。

まず、五月の手紙と七月の二回の手紙には筆跡に乱れがなかったことである。

さらには、七月二九日付の（発見の）手紙には、これまで典拠としていた「追悼録」の数行以外に、実に二一行にもわたる文章が続いていて、そこに千代子の重大なメッセージがあることに気づいた。従来、私はこの七月二九日付の手紙の冒頭の「理屈がいやになりました」という落胆の表現に放心状態の千代子を見、ついで八月一日の「挙動に不自然なる様子見ゆ」（刑務所側報告）と連動させて考察してしまっていた。

では、発見された手紙の二一行には何が書かれていたのか。まず、これまでの手紙と同様、浅野の弟妹たち一人ひとりの名前をあげ成長度合いに応じた励ましの言葉を贈りつつ「お母さんを大切に」と続けていることである。淑子には五月の墨ぬりの手紙へのお詫びさえ書きそえていていつもの千代子の思いやりのある文体の手紙に復しているのである。

そして、その最後を「**私も真剣に準備している、**〔新潟で保釈をかちとった又いとこの平林〕**せんさんはもうずんずん歩いている！**……なつかしい皆さん、心からの感謝と祈をお受け取り下さいまし。美しく晴れた夏の朝　又」と結び、人民運動の前途になお希望を繋ぎつつ、自らもふたたび起つ準備を真剣に追求している、と決意を伝えているのである。

衝撃に耐えつつ　当時、千代子は、党の中枢にいた幹部たちが獄中で変節していくのに心を痛め、〝自分たちの今までの運動のやり方は間違っていたのだろうか、どこに弱点があったのだろうか〟という反すうを空房をはさんだ隣房の同志に向けて繰り返し問いかけ、真剣に日本の革命運動の前途について考え込むようになっていた。そのうえに信頼する夫の変節という決定的事態に直面したのである。

では、七月二六日から二九日の間に何が起こったのか。

浅野はすでに四月上旬には前述の水野の「手紙」に同調しはじめており、「感想」や「手紙への回答」を書いて検事に提出している。そして千代子が義母に興奮した手紙を書き送った同日の七月二六日には「共産党の態度が甚だしく誤って居り従来事々に重大なる政策上の過を犯して来た。……解党することが唯一の方法である」という内容の転向「上申書」を提出し、亀山慎一検事に、「真面目な千代子には『上申書』を見せないでくれ」と懇願している。検事は、頑強に抵抗する千代子を変節させるために、この「上申書」を最大限の「武器」として利用した。

こうして前便のあと獄中で冷静さを取り戻した千代子は、「あの人達」の主張する「日本の民衆の幸福の為に！」というスローガンの裏に党の「二七年テーゼ」の根幹をなす「天皇制廃止」の課題を否定し、共産党を解体していく理屈（主張）が隠されていることを見抜いたのである。なんとこのスローガンは変節派の中心にいる水野成夫が発信した言葉そのものであったのである。そして自分が一時的に変節派とそれに同調する夫を擁護する大変な錯誤をしていたことに愕然として前便の内容を否定して立ち直った。この最後の手紙の冒頭部分の表現からうかがい知ることは、千代子のこの時の衝撃の深さ大きさである。

党と人民のために節をまっとうする道を選んだ千代子は、この夫の変節を知り、痛恨と怒りのなかで同志であり夫である浅野を一挙に失う苦しみに耐えていたが、七月二九日の手紙発信のあと、その精神的苦悩は限界を越えてしまった。

夫浅野は、千代子の発症直後の八月七日には亀山検事に「『君主制廃止』の政策を撤廃し、組織を改めて〔解党して〕」という上申書を提出して変節を完了させたのである。

拷問にも等しい扱い　塩沢富美子は、その時の状況を「信州への旅」（前掲誌）で哀惜をこめて次のように書きとめている。

「六月には解党派の問題がおきたことを風のたよりに耳にしましたが、私たち婦人の同志たちは、結束して、この解党派に反対しました。そののち、千代子さんが一人で検事局によばれ、検事から夫の浅野晃の解党意見を読まされ千代子さんは勿論反対したということでした。私たちの監房は独房でそれも一房おきに治安維持法違反の政治犯は入れられていましたが、千代子さんは病監という私たちの所から少しはなれたところの監房に入れられていたため非合法の連絡のとりにくい所でしたので、恐らく誰もこの千代子さんのなやみに手をさしのべることができなかったのでした。彼女はなやみ、混乱し、狂いました。狂うほどくるしんだ人のことに同志である私たちは何を云うことができましょうか。彼女がどうにもならなくなってしまってから刑務所は病院におくりました。」

刑務所側は「八月一日、挙動に不自然なる模様見ゆ」（第一一章参照）と記録しているにもかかわらず独房で煩悶し、錯乱の昂進する伊藤千代子を三週間近くも治療もせずに放置した。変節を拒否する党員へのこの拷問にも等しい扱いが千代子の死期を早めたことは間違いない。

この「手紙」群は、伊藤千代子が最後まで共産党と人民のために誠実に生きた証しである。千代子が移送先の松澤病院で死去した一週間後の九月三〇日、党は水野成夫、浅野晃らの変節解党派を除名してこれに応えた。

第一一章　苦悩に灼かれて——千代子の死

伊藤千代子は、市ケ谷刑務所での一年余の拘禁生活のなかで、夫浅野らの変節という激変にさらされ、精神的懊悩(おうのう)から一時的な錯乱におちいり東京府立松澤病院（精神科病院）へ移送されました。

彼女の発症から約二ヵ月間の状況はこれまで空白のままとなっていました。その空白を埋める、驚くべき「記録」のベールがはがされる日がきました。

一　伊藤千代子病歴記録の「発見」

伊藤千代子のこの「空白」を埋める転機は二〇世紀最後の年の、それも暮れも押し迫った日におとずれた。藤森明氏の著書出版の前後に、戦前の活動や獄中でのたたかいについて、ご自分の体験をもとに細かく教示をいただいていた佐野英彦氏（戦前上智大社研、全協活動家、当時九四歳、後、故人）から、治安維持法下の精神的犠牲者について研究されている精神科医・秋元波留夫氏の「赤旗」記事（九六年九月一四日付）をよく読むこと、そしてぜひとも取材するようにとの伝言が、八王子の知友、井上幸男氏から寄せられていた。その当時、私も藤森氏もそこまで手がまわらず、取材リストに載せられたままとなっていた。

しかし、葛城よ志子さんへの千代子の手紙の公開によって、残された研究を急ぐ必要を自覚しなおし、秋元先生との連絡を試みた。先生は当時九四歳を迎えられたご高齢にもかかわらず、戦前の松澤病院の治安維持法弾圧犠牲者の「研究資料」が存在していること、千代子の病歴も「発見」される可能性があることを電話で示唆されてきた。その時は半信半疑であった。

松澤病院での伊藤千代子

二〇〇〇年一二月一七日、私は世田谷区喜多見にある秋元波留夫先生宅を訪れた。先生は、ご高齢にもかかわらず、精神医学会の要職をこなすかたわら、精神障害者の共同作業所運動にも参加される現役であった。先生は、私が事前に送った手紙と関係資料に目をとおされていて、「資料」を用意されておられた。

卓上に置かれたのは、分厚い雑誌のコピーとその一部をワープロで打ち直されたものであった。そこには

「第29例　伊〇千〇　25　♀　治維法違犯　女大　成績優　拘禁より発病の期間・1年23日　病像・乖離（興奮）入院期間・1ケ月7日　轉帰・死亡」

フルネームこそないがまぎれもない「伊藤千代子」である。私たちが、ついに松澤病院での千代子にたどりつくことができた瞬間であった。秋元先生が、六〇余年にわたって保存し続けた「資料」がいま、ここにベールをはいで登場したのである。

では、その「研究資料」とはなにか。それをこれからたどっていこう。

伊藤千代子が入院した当時の東京府立松澤病院正門

「心因性精神病、殊に拘禁性精神病に関する臨床的知見」

『精神神経学雑誌』(昭和一二年三月二〇日発行)所収論文

東京府立松澤病院　医学士・野村章恒(のむらあきちか)

Ａ４判全文六九ページの一大研究論文である。野村はこの病気の研究の動機を次のように言う。

「本邦に於ては、心因性精神病の研究は比較的親近のものなり。従ってその文献も亦尠(すくな)し。余は東京府立松澤病院在勤七ケ年中、同症の研究に興味を持ち、其治療と病症発生機轉(きてん)の観察に注意せり。偶々其頃は左翼無産運動の隆昌期にして、共産党事件の最中にあり。為めに同種犯罪者の拘禁性精神異常例を多数研究治療するの好機會にありたり。余は此種の再び得難き資料を蒐集し、先ず心因性精神病の統計的観察を始め、次で拘禁性精神異常の各例の症状を批判検討して、之に関する臨床精神病学殊に精神病理学的知見補遺となさんとせり」

この論文は、一九二五(大正一四)年から一九三五(昭和一〇)年までの一〇年間に、刑務所から松澤病院へ移送された劇症発症という特異な精神的病者三〇人の診療記録と観察研究の分析をしたものであり、その病状の特徴を野村医師は「拘禁性精神病」という病名を付して呼んでいる。

では、そもそもこの三〇人はどうして「刑務所」にいたのか。次頁の表は、野村がこの三〇人を「犯罪歴」「年齢」「入退院年度」ごとに分類したものである。

一読して明瞭である。三〇人中二五人までが「治安維持法違犯者」の共産党員・活動家である。そして、二〇歳代の青年男女が圧倒的である。しかも、入院は、昭和三年の三・一五事件、昭和四年の四・一六事件以降から増えはじめ、六、七年頃ピークに達している。特高警察の追及・拷問、獄中での変節の強要が激しくなり、拘禁が長期化する時期と一致しているのである。

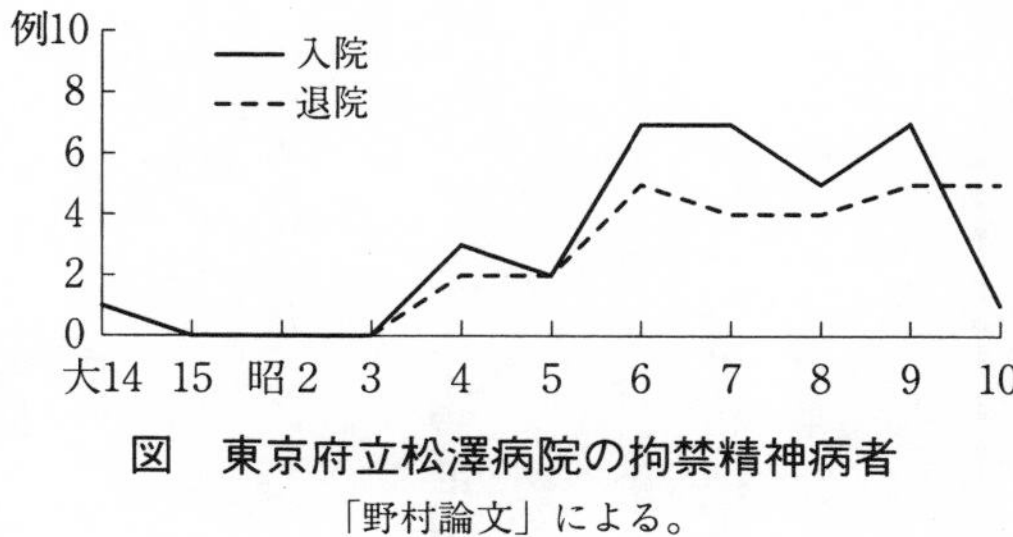

図　東京府立松澤病院の拘禁精神病者

「野村論文」による。

表　拘禁精神病者の犯罪種別

犯罪種別	例数	%
治安維持法違反	25	83.3
窃盗	2	7.2
傷害	1	3.5
殺人	1	3.5
血盟団事件	1	3.5
計	30	

「野村論文」第3表を訂正。

表　治安維持法弾圧による「拘禁精神病」発症の人たち

姓　名	年齢	性別	職　業	検挙	入院期間	転　帰
松本倉吉	33	男性	木工	昭3	1年11ヵ月	全治退院
片山峰登	29	男性	製図工	昭3	1年10ヵ月	全治退院
朴　得鉱	25	男性	学生	昭3	5ヵ月	全治退院
箕輪郁彦	23	男性	学生	昭5	9ヵ月	全治退院（再発）
原田　耕	28	男性	著述業	昭5	5ヵ月	全治退院
上田三郎	23	男性	会社員	昭4	1年20日	全治退院
宮原末勇	29	男性	電気工	昭8	8ヵ月	全治退院
岡田勝定	23	男性	学生	昭7	1年5ヵ月	全治退院
金　志煍	27	男性	学生	昭8	1年余	軽快退院
金　致廷	29	男性	飛行士	昭8	2年余	未治退院
鏑木義美	27	男性	学生	昭5	1年7ヵ月	全治退院
石川四郎	27	男性	自由労働者	昭6	1年6ヵ月	軽快退院（再発）
北浦千太郎	29	男性	著述業	昭3	2年8ヵ月	全治退院
奥林義雄	21	男性	店員	昭5	4ヵ月余	全治退院
井汲越次	29	男性	学生	昭4	1年2ヵ月余	全治退院
森田京子	24	女性	学生	昭3	5ヵ月	全治退院
中本たか子	29	女性	著述業	昭5	8ヵ月	全治退院
片山　睿	26	男性	学生	昭3	2年1ヵ月	全治退院
田村冬松	36	男性	鋳鉄工	昭7	1年8ヵ月	軽快退院
大久保兼彦	27	男性	勤人	昭5	1年8ヵ月	全治退院
田代文久	36	男性	著述業	昭8	2年余	軽快退院
内野　実	28	男性	勤人	昭7	2年余	未治在院
長谷川茂	26	男性	学生	昭7	8年余	死亡
伊藤千代子	25	女性	学生	昭3	1ヵ月余	死亡（肺炎）
小松儀四郎	23	男性	学生	昭7	3ヵ月	死亡（腸カタル）

＊「野村論文」を補正して掲載

＊秋元波留夫・藤田廣登により全員の氏名を特定

ここで野村が、「研究事例」とした二五人のリスト（**前頁**）を見よう。リストの最下段から二行目が千代子である。二五人中二二人が松澤病院から治癒退院している（もちろんその多くは刑務所へではあるが）のに、千代子と最下段の「小松儀四郎」だけが松澤病院で死亡しているのである（その後在院治療中の長谷川茂も死亡）。

二　病歴記録

では、「野村論文」に記載されている伊藤千代子について見ていこう。

市ヶ谷刑務所での発病の経過　記録は、まず市ヶ谷刑務所から送られてきた千代子の家族歴、本人歴、発症以来の症状と経過からはじまる（**次頁**）。これを見ると、

「昭和四年八月一日　挙動に不自然なる様子見ゆ」

とある。千代子が浅野の変節上申書を検事から見せられ、それを否定して激しく抵抗するのはこの年の七月下旬のことであったのは前章で見た。発症がその直後であったことがこれから明らかである。

「八月一一日　義母面会」　浅野の母親ステである。

「八月一七日　入院」　と松澤病院への入院日が特定された。

その間の刑務所側の観察を見よう。独房で錯乱状態におちいった千代子の挙動の一挙手一投足を克明に記録しているのである。しかし、それに対する治療の記録は一切ない。千代子はここでも人間としての治療を受けることなく放置されているのである。

松澤病院にて　では、収容された松澤病院ではどうか。病院では問診と見られる応答が続く。

第29例　伊○千○　　25歳♀　治維法違犯

■家族歴　父母は入養子。患者の生後母死亡のため、父は離籍せられ消息不明。養祖母健存、主に祖母に養育さる。同胞なし。22歳結婚挙子なし。

■本人歴　気質快活・温順・無口。頭脳明敏。高女卒成績優秀、後小学校教員となり、女子大学英文科に入る。これより前、夫の影響により、左傾思想に興味を持つ、入学後学内社会科学研究会に加入し、昭和３年３月15日検挙、次いで刑務所に収容せらる。

■発病以来の症状と経過　未決勾留中頸部淋巴腺腫を病み手術を受けたるも、回復治癒遷延したるため、医師に病気の原因・予後を執拗に質問し心配し居たり。

昭和４年８月１日、挙動に不自然なる様子見ゆ。即ち時に大声を出し、翌２日独房の壁に向い隣室の人と対話する如き独語をなす。しだいに独語旺盛となり、談話内容散乱し拒食となれり。ついで精神運動興奮し、裸体に蚊帳を腰に巻き室隅に踵居し、経血にて身体を汚染し、他人の注意に一切応ぜず。

８月11日、義母面会時支離滅裂の高声独語あり、全く周囲の見境なかりきと言う。

８月17日入院　**（以上　刑務所報告の部分）**

■入院後の症状と経過　入院当時身体発育良、体格強栄養中等、毛髪豊富漆黒、変質崎形なし。膝蓋腱反射亢進。姿態無頓着 - 無遠慮・顔貌表情に乏しく強固、応答は自己の姓・年齢正答、他は拒絶的、出鱈目多し。「此処は何処か：病院……井上……」、「子供はあるか：知りません。雀の学校……」、「姉妹は：あります。幾人か数えきれません」、「結婚は何歳か：25歳（正）」、「東京の大地震は何年か：大正12年じゃないですか…馬鹿馬鹿しい」、「法律とは何か：独裁独歩主義です」、「何故入院したか：私も共産党ですよ」云々。『知人が自分を呼んでいる。アララギ社同人です』と言い、幻聴存するものの如し。病室にては興奮落着なし。

８月21日　病室内の診療室に伴いしも拒診。絶えず独語し続く。内容散乱纏まりなし。意志阻碍し、『先生の所へ行きたい』と泣出しそうに大声哀訴す。間もなくゲラゲラと笑い、又顔を歪めて虐待せらるる如き様子を呈し「嫌だ、嫌だ、知らない知らない』と連呼す。其後８月31日迄10日間拒絶症緘黙。

９月１日　高熱を発すれど拒診。

９月５日　午前９時銹色の痰を多量に喀出。

９月６日　夕刻より起き出て枕頭の手拭を取り頬冠をなす。悪戯あり時に含漱をなす。

９月８日　義母面会時自発的に漬物を要求す。他人とは語らず、質問にも答えず。義母との対話は相当によく纏り居り、表情普通。

９月24日　肺炎死亡

■要約　本例は家庭的には慈愛に恵まれず、性格真卒・研究心に富み真面目・熱中性、治安維持法に触れ入所し、１年５ケ月を経て夫の思想的転向を憤り感動煩悶、後心気性となり幻聴旺盛、意識混濁興奮状となり、入院後肺炎にて死亡す。興奮錯乱は緊張病のそれに酷似するも、感情の環境に対する反応は一部敏感にして単なる拒絶症と処理せらるべからぬ所あり、殊にその感情は現実社会への憎悪となり、義母及び同志以外には反抗するものの如し、病象によりて心因性憤怒感情による反応を著しく認め得る拘禁性乖離性反応型に属するものと考うるなり。

（野村論文から、カナ部分はひらがなに変換して紹介）

「自己の姓、年齢正答、他は拒絶的」。千代子はこの時、特高警察下の刑務所の延長線上に病院を位置づけていて、かたくなに問診と治療を拒絶する姿がある。

「知人が自分を呼んでいる。アララギ社同人です」「先生の所へ行きたい」という悲痛な言葉が聞こえてくる。救けをもとめていたのは土屋文明であった。

「嫌だ、嫌だ。知らない、知らない」特高警察の追及にあくまで「自白・供述」しない千代子であった。

「八月三一日迄の一〇日間、拒絶症緘黙（かんもく）」
「九月一日　高熱を発すれど拒診」
「九月五日　午前九時銹色（さびいろ）の痰を多量に喀出」
「九月八日　義母面会時自発的に漬物を要求す。他人とは語らず、質問にも答えず、
　　　　義母との対話は相当によくまとまり居り、表情普通」

そして、「昭和四年九月二四日　肺炎死亡」

まず、気づくことは、医師の問診に対して徹底的に抵抗する姿である。それとは対照的に、義母ステに寄せる千代子の親愛の情。「義母との対話は相当よくまとまり居」るのである。信頼できないものとはたたかうが、信頼すべきものとは普通につきあえる関係が混在しているのである。

「千代子は回復基調にあった」と秋元先生は「診断」する。前掲の一覧表の最右端の「轉帰（てんき）」の欄を見よう。二五例中「全治、軽快」が大部分である。病院での死亡は三例のみである。

ここでもう一度見よう。「九月一日　高熱を発すれど……」風邪症状である。「九月五日　銹色の痰を喀出」明らかに風邪症状がすすみ、それが新しい段階に入ったことを示している。にもかかわらず、

治療の気配は見えてこない。診療記録もない。いやむしろ空白でさえある。「九月八日　義母面会」、その後に、「九月二四日」の突然の死亡告知である。いったいこの間になにがあったのか。治療は放置されたままであった疑いが残る。これだけ詳細な「観察」を続けてきた病院側が、この間の「観察」を怠っていたとはとうてい考えられないのである。

三　診察・診療拒否

この「野村論文」からまず見えてくるものは、伊藤千代子が病院側の診察・診療を頑なに拒否していく姿である。しかし、野村医師が「自己の姓、年齢正答」他はすべてでたらめとした内容も子細に検討すればそこには一々理由があるのである。例えば、「雀の学校……」は千代子が高島小学校（長野県諏訪郡上諏訪町・現諏訪市）の代用教員時代に一年生によく教えていた歌であり、「頬冠り」をするのは当時極寒の諏訪では大人も子どももみな防寒のためにそうしていたのである。諏訪高女時代、遠足を引率した土屋文明も頬かぶりしていた。「知人が……アララギ社同人です」「先生の所へ行きたい」は諏訪高女時代の四年間教師として薫陶をうけたアララギ歌人土屋文明その人のことである。

千代子が松澤病院側の診察・診療を頑なに拒絶し続けた理由は、彼女が病院側を刑務所拘留の延長線上にとらえていたためと思われる。その理由としてまずあげられるのは市ヶ谷刑務所から松澤病院への移送は私服警官の監視のもとに護送車が使われたことである。そうして収容された病院で医師から尋問調に訊ねられるのである。一九三一（昭和六）年頃同じ状況におかれた中本たか子（プロレタリア作家）は、「特高が来て訊ねるんだと解釈した」と回想している。

松澤病院俯瞰図（中央前列から１～４病棟）

さらには収容された中四棟病室（特定にあたっては精神科医、岡田靖男氏の協力を得た）の入口と出口には鍵が掛けられていたのである。そのうえ後に触れるように彼女らは特高警察の監視下におかれていたのである。千代子が警戒心を高めたであろうこと、そのために松澤病院を刑務所の延長線上にとらえてしまったと思われるのである。千代子が最初の問診のあと診察さえも拒否した事態はこれらの背景を考えてはじめて理解できるものである。

さらに、後述するように野村医師らの治療方針には、病院をして「転向の完成の場」としてとらえ、それによる治療の効果をあげようとした姿勢が見られる。千代子にとっては変節は共産党員としてゆずることのできない生命線であり、その治療方針は受入れ難いものであったのである。

四　空白の二週間

「野村論文」で明らかなように、伊藤千代子は九月に入って高熱を発し、銹色の痰の喀出など拘禁精神病とは隔絶される症状が観察されているのである。そして九月八日の義母面会のあと千代子の病態観察は途切れ、九月二四日死亡までの一六日間にわたる観察記録はなぜか「空白」のままである。

この「空白」は治療を「放棄」された疑いを残すものである。
その後の調査により、この一六日間に千代子には少なくとも次の三組の見舞訪問があったことが判明した。

今井久代さん　その一人は、諏訪高女時代の級友今井久代で、「収容された松澤病院へは二度ばかりお見舞いに行きました。千代子さんの精神はもう正常に戻っていて、私がだれだかすぐわかりましたの。まわりの精神病者を抱いては『かわいそうに、かわいそうに』と涙ぐんで、私が持っていった食べ物などもみんな『さ、お上がりなさい』とあげてしまうのですよ」（葛城誉子著『イエローローズ』）と語っている。

浅野晃を拒絶　ついで、二番目は千代子の夫の浅野晃とその母ステであった。九月一五日のことである。この日、浅野は突然一泊の保釈出所を許されて松澤病院の千代子と面会した。私服刑事二人が同行した。千代子は浅野が「千代、わかるか僕だよ」と声をかけたのに振り向いたが、一瞬「イヤイヤ」というように首を振り、ついで私服刑事の姿を見て仲間のなかに逃げ込んでしまい、もう浅野の方を見ることもしなかった、という。千代子の心はすでに浅野晃から離れていて、浅野を許さないしぐさであることが見てとれるものである（東栄蔵前掲書）。
この浅野の仮保釈見舞いは義母ステの刑務所側への懇請により実現したものであるといわれている。

最後の訪問者　最後の訪問者は郷里諏訪の親戚、千代子には甥にあたる伊藤一郎であった。亡くなる数日前の九月二〇日頃であると推定される。一郎は病院から「千代子が薬を飲まないで困っている」との要請があり上京。一郎の「千代子、よ祢おばあさま〔千代子の養祖母〕へのお土産のつもりで薬を飲んでおくれ」という懇請に、「この薬を飲むと具合が悪くなる」と言いつつも一服飲んで見せたという。この時の印象では千代子の病状がそんなにさし迫ったものではなかった、という。そして一郎が諏訪へ帰ってすぐに千代子の訃報が届いた。郷里の親戚筋で戦後も長い間、「お上（かみ）に毒を盛られた」という毒殺説がささやかれてきたのはこういった事情があったからである。

回復基調にあった千代子　この三組の見舞い訪問による最後の二週間の観察では、千代子の拘禁精神病は一定の回復基調にあることが見てとれるのである。そのことは拘禁精神病と診断され松澤病院に収容された他の二四人の共産党員らの病歴・転帰にも共通することである。「野村論文」に収録された二五人の入院後の経過を見ると、この期間（一九二五〜三五の一〇年間）に全治退院一六人、軽快退院四人、未治在院二人、他病併発死亡三人であり、その圧倒的多数は入院の長短こそあれ治癒退院にこぎつけているのである。他病併発者の死亡原因は肺炎、腸カタルなどである。ここには拘禁精神病の発症原因が除去されれば、在院期間の長短はあっても治癒にこぎつけることができたことを示しているのである。ここにこの病症の統合失調症と区別されるべき特徴がある。千代子が肺炎さえ起こさなければ、またその治療が万全であれば、もち前の強靭さを発揮して拘禁精神病を克服して松澤病院から生還できた可能性はきわめて高かったということができるのである。

中本たか子の回想　治安維持法違反で検挙され同じく市ヶ谷刑務所に収監された作家の中本たか子は、千代子より一年半後の一九三一（昭和六）年一月に拘禁精神病を発症して、二月四日、松澤病院に強制入院させられた。一二二頁のリスト中一七人目が彼女である。中本は、その時のことを『わが生は苦悩に灼かれて』（一九七三年、白石書店刊）で克明に記録している。そして自ら死の恐怖にさらされながら、かつて千代子が収容されていた第四病棟（狂躁患者収容棟）に送られた。そこで彼女が見たものは、日中、食事の時間を除く大部分を硫黄の湯に入れられている患者群であり、彼女自身も風呂びたしにされ、「夕食がすむと、みんなは湯のなかからおいあげられ、はだかのままで看護婦のもちだしたふとんを病室にしいて、そのなかにもぐりこんだ」と書きとめている。そして「あとで、この病院内の別の病棟へうつされてから、患者の話によって、伊藤千代子は第四病棟ではだかのまま監禁され、ついに肺炎をおこして、この病院で死んでしまったことがわかった」と。当時、硫黄の湯が気分の鎮静に効果があると考えられ、松澤病院で取り入れていたことについては秋元波留夫先生に確認済みであるが、ここで、千代子が〝裸のままふとんに寝かされて、肺炎をおこして死んだ〟という中本たか子の記述も、千代子の最期の二週間の空白を埋める貴重な証言といえよう。

千代子の死　こうして千代子は、一九二九年九月二四日午前零時四〇分、二四年と二ヵ月の生涯を、誰にも看取られることなく閉じた。「諏訪の羊羹が食べたい」これが老看護長に遺した最後の言葉であったと伝えられている。

獄中の浅野に千代子の死を伝えにかけつけたのは母ステである。「千代が！、千代が！……」と絶句して泣き伏した母とは対照的に〝悲しかったが涙は出なかった〟と浅野は後に書いている。千代子の死に心動かさない者があろうか。彼が千代子の死をうけとめて慟哭するのは、ずっと後のことであった。

五　特高警察の監視下におかれた患者と転向推進の治療方針

ここでさらに指摘しておかねばならないことは治安維持法違反で検挙・投獄され拘禁精神病を発症した患者が特高警察の監視下におかれていたことである。前出の浅野の訪問の時も私服警官が病室まで入りこむくだりがあったが、野村医師も論文のなかで、特高警察の監視下の治療の困難さを次のように訴えている。「……然るに斯くの如き開放作業治療は、昭和七年以前は面会時警察官の付添を必要とせられ、警戒厳なることを要求せられ、然らざれば精神病院に容ることすら危険とせられたる時代にて、甚だ困難なりき」

また「野村論文」を見ると、彼の拘禁精神病の分析は精緻をきわめている。しかし、その彼はこの患者群に対して、次のような考え方で治療にあたっていたのである。

「……これらの狂信的信奉者が長がき病院生活中に漸次時代思想の変化の影響を受け、……彼等の英雄的優越的感情は沈静し、内省も起り、更に家庭を思い父母弟妹を敬慕するの感情起り、殊に思想転向を表明するに及べば、その症状が軽快せることを発見せらる。」

「惟(おも)うに本症の治療は終局に於いて慰安と説得とにつき、之れにより入院の理由より退院の手続きをよく説明し、徒らに自由を望み保釈を願う単純粘着性観念を徐々に是正し、作業により再拘禁時〔刑務所への〕の再発予防を自覚せしめて完全なる治療をなさしむるにあり。斯くて思想犯罪者は自己の体質・精神傾向を反省し、思想転向に導くを得るものなり。」

すでに明らかなように共産党員らは、まず検挙・逮捕時に特高警察による拷問をうけて組織や活動、仲間の動向などについて「自供」を強要される。ついで刑務所に収監後は肉親・近親者や恩師等からの変節の懇願にさらされる。同時に、思想検事の峻烈な取り調べ、変節の強要にさらされる。検事に調書もとらせず、変節も表明しない者は重病に陥っても、親の死に目にも保釈されず、また入院もさせなかった事例は枚挙にいとまがない。変節を表明して活動から離れればこの苦難からは逃れられる。野村医師らはこのことによって治療の実をあげることができると分析したのである。いきおいその方向で治療がおこなわれたであろうことは想像に難くない。松澤病院に収容された共産党員らは、特高警察の監視下におかれ、あまつさえ病院治療そのものが「転向装置」の一部を担わされていくのである。治安維持法はそこまで貫徹していったのである。

六　特高警察の死亡通告書

伊藤千代子が無念の死を遂げたその日に、特高警察は裁判所に対して「被告人の死」を告げ裁判を中止するための「死亡診断書」を添付している。監禁同様の千代子は、病院でも特高警察の管理下に置かれていた証左である。

特高秘第二五九八号

昭和四年九月廿四日

警視庁特別高等課長　警視　上田誠一

東京地方裁判所　検事正　塩野季彦殿

執行停止中被告人死亡診断書送付の件

治安維持法違反被告人　伊藤千代子　明治三十八年七月廿一日生

右者執行停止後管下松澤病院ニ入院セシメ加療中ノ処

本日午前零時四十分同院ニ於テ死亡致候条　死亡診断書相添此段及報告候也

第六十一号死亡診断書

一　氏名　　伊藤千代子
二　男女ノ別　　女
三　出生ノ年月日　　明治三十八年七月二十一日
四　職業　　ナシ（家計の主なる職業　ナシ）
五　死ノ種別　　病死
六　病名　　拘禁性精神病兼肺炎
七　発病ノ年月日　　昭和四年八月不詳日
八　死亡ノ年月日時　　昭和四年九月二十四日午前零時四十分
九　死亡ノ場所　　東京府荏原郡松澤村　東京府立松澤病院

右証明候也

昭和四年九月二十四日

東京府立松澤病院　医師　菅　修　㊞

「転向」　戦前の支配階級は治安維持法下の弾圧による革命運動上の変節をもっぱら「転向」と称した。つまり革命運動での変節や裏切り行為を「正しい方向に転じ向かう」と称して特高警察による拷問と弾圧で天皇制を支持、反共産主義思想に転ずるのを強要した。本書では、革命運動上のこのような実態から「転向」という用語は極力避け、変節という言葉で統一しているが、引用文などの呼称はそのままとした。

第一二章　追　悼

伊藤千代子死す！の報が伝えられた時、千代子の仲間たちはさまざまな形で、その若すぎる死を悼み、命奪った者への抗議の声をあげました。それは戦前の暗黒時代の闇に一筋の光を照射するものとして今日に伝えられています。

一　数奇な運命を辿った手紙――平林せん

新潟地裁に出廷する平林せん

伊藤千代子の遺骨が帰郷した時、郷里諏訪でその葬列を見送った一人に又いとこの平林せんがいた。その平林せんが七〇余年前に出した手紙が近年「発見」された。手紙は、平林せんが千代子の葬儀直後に、当時、豊多摩刑務所（戦後中野刑務所、後、廃所）に未決拘留中の浅野晃に書き送ったもので、発信日付は一九二九年一〇月九日、千代子の死の二週間後であった。

秋雨がしきりに降ります。其の後ご無沙汰致しましたけれどお体は如何ですか。

千代子姉の死はあまりにも夢のような意外な出来事でありましたために早速筆を執る事さえ出来ませんでした。ささやかなお葬式の中にも千代子姉の霊は私達の心臓をほりえぐる程力強い物でありました。最後まで千代子姉の心は全無産階級のために戦って呉れました。

あの獄中から病院のすべてが隠しゅう的〔因習?・筆写人注ママ、〔陰謀的と読むべきではないか――藤田注〕〕な支配階級の魔手の中に消えていった千代子姉を私は静かに回想して見る時あまりにも清らかな美しい姿に感激せずには居られません。

只私は千代子姉の身辺からきり離された淋しさにかわるべきこの霊を抱きしめて千代子姉の後をつぐべきことを誓ひました。千代子姉を失った貴兄の事を忍に耐えないのです。けれどけれどけっして千代子姉の魂は消えないのです。どうぞしつかりして居て下さいませ。

最も私はこれ以上千代子姉の事は言ふことが出来ないのです。今から諏訪の秋の風影〔景・筆写人注〕でもお知らせしましょう。

諏訪の秋は早く殊に湖面を漂よう初秋の風情はやっぱりよいものです。種々な苦しみ、ことに労働に疲れきった体をくつろぎもせず湖の上を行くにつれあかあか夕日におくられてかえって来る舟人の姿など、そうして赤い煙突の立ち並んだ岡谷の市がすみきった湖にうつる景色を温泉寺の丘から眺める時などほんとにすべてをうばい取られたような感じがします。夕方になって女工の集団が岡谷市の街頭にあふれ出る時、私達は両手を上げて呼びかけようとしているのです。そうです。きっと私達はそうする事が出来ます。

お体を大切に元気で居て下さいませ。獄中のお便りと御消息とを常に待ちわびてをります。

では又

十月九日　上諏訪町中浜町●●●方　平林　仙子　〔●判読不明〕

平林せんは、新潟地方で共産党員として岡崎一夫、河合悦三らと党活動、主には「赤色信越」紙の発行、配布などの活動を展開中、伊藤千代子と同じく三・一五弾圧事件で逮捕され、執行猶予つきの刑を言い渡されて出獄し、郷里諏訪に帰っていて千代子の葬儀という歴史的瞬間に立ち会うことができた。一読してわかるように「手紙」からは、姉と慕った千代子の死におおきなショックをうけ、昂ぶった気持ちや息づかいが聞こえてくるようである。文章の後半は一転、諏訪の初秋の情景に入り、ついで岡谷の製糸工女たちへの思いが二重写しに書かれるのである。そうしたなかにも平林せんは、悲しみをのりこえて千代子の遺志をついでたたかうことを霊前に誓っている。そして、その後の平林せんは、彼女もまた短い生涯ではあったが、共産党員として不屈にたたかい、一九四〇（昭和一五）年、闘病生活ののち三三年の生涯を閉じた。

数奇な運命を辿った手紙　その手紙は数奇な糸をたどって七〇年後に私たちに届いた。二〇〇一年一月、前章で紹介した佐野英彦氏の入院見舞いに伺ったおり、「豊多摩刑務所に収監されていた浅野晃への手紙があるはずだ」という氏の話がヒントになり、一九八五年頃『獄中の昭和史』（豊多摩刑務所を社会運動的に記録する会編、青木書店刊）を編纂中に、かつて豊多摩刑務所に治安維持法違反で収監中の被告たちの手紙（検閲前の書簡）を獄吏が逐一書き写していたものが現存することがわかった。佐野氏から当時、編纂事務局を担当した小沢てつお中野区議会議員（当時）を紹介された。その未編集の束のなかから出てきたのが平林せんの「浅野晃宛て手紙」であった。この「手紙」群は筆写人の獄吏の手から戦後になって細田民樹にわたり、伊豆公夫氏が受け継いだものである。

平林せんの生涯と伊藤千代子　平林せんは、親戚同士であった千代子からの思想的影響をもっともよくうけて成長した。追悼文はそのことをよく物語っている。

平林せんは、一九〇八（明治四一）年六月六日、諏訪郡中洲村に生まれた。千代子より三歳年下である。一九二〇（大正九）年、中洲小学校卒。一九二七（昭和二）年二〇歳まで隣村の湖南村の東英社ヤマニ工場の製糸労働者として働く（毎日朝六時から午後六時迄働く。日給は七、八〇銭。当時平均は五〇銭ていどであったというから平林せんは熟練工といえよう）。ここでの痛苦に満ちた労働の体験が、その後の平林せんの思想と活動の原点であった。

一九二七年夏、帰省した伊藤千代子と会う。製糸工場の労働問題に興味をもつようになり、その時の千代子の紹介で労農党諏訪支部常任の上条寛雄に会い、そのすすめで『空想から科学へ』、プロレタリア経済学等の本を借りて読むようになる。その年の一二月、結婚して東京にいた姉夫婦を訪ねて上京。その直後、当時、浅野晃と結婚していた千代子を新宿に訪ね、労働問題について勉強してみたいと相談。千代子等の紹介で東京・港区三田にあった評議会（日本労働組合評議会）の事務所を訪れ、そこで、同じ長野県下伊那出身の唐沢清八に会い、事務所の手伝いをはじめた。

翌一九二八年、信越地方党組織再建のために派遣される河合悦三を千代子らに紹介され、ともに信越地域で活動することになった。おもな仕事は「赤色信越」の印刷・発行であった。三・一五弾圧当日は難をのがれたが、三月三〇日に検挙、投獄される。しかし、その事実は獄外には知られず、面会や差し入れをはじめとする救援の手は差しのべられないままとなっていた。きっかけは、平林せんが郷里へ出した手紙であった。びっくりした母親が面会に新潟へ訪れたのは五ヵ月もたってからである。それを獄中面会にきた郷里の叔母から聞き知った千代子は、さっそく浅野あや子に手紙を書いて救援と激励をたのんだのである。

こうして平林せんは、新潟地方で唯一の女性被告として、裁判時には救援会の人たちの応援を得てますます元気で法廷でのたたかいをすすめ、一九二九年二月二七日判決。懲役二年、執行猶予三年で出獄。帰郷した。そして千代子の葬儀に参列したことはすでにのべた。

その後平林せんは、長野県下の信州織維労働組合の組織化に参画するとともに、一九二九年の四・一六事件で壊滅状態にあった県下の党組織再建活動に参加しながら活動領域を拡大していった。その間の活動の断片的なエピソードはいくつかあるが十分に検証されていない。

一九三一年頃からは、東京の全協繊維の本部活動に参加。そこで同労組組織部長として活動していた真弓信吾（福島県須賀川出身）と知り合うこととなった。同三三年には、二人とも全協繊維労組への弾圧で検挙される。

一九三四年一月、二人は結婚、共に活動を続けるがその間の活動はまだ十分に明らかではない。

そして一九四〇（昭和一五）年一二月一二日、清瀬の国立療養所東京病院で結核のため三三年の生涯を閉じた。真弓の実家でおこなわれた葬儀には、母やすと兄幸男が諏訪から参列した。

戦後、一九四八年に開催された第一回解放運動犠牲者合葬追悼会で、平林せんは千代子とともに東京・青山の「無名戦士の墓」に合葬された。

19

赤色信越

第五號

日本共産党地方機関紙
定價五銭

製絲女工號

労働者農民のために戦ひつづけてきた「赤色信越」は今や労働者農民大衆の間に力強い支持者を見出しつゝある。こゝに長野縣諏訪郡の女工さんより長い手紙が送られたので「赤色信越」を特別號としてそのまゝのせて十二万の女工さんに訴へることにした。

同じやうに工場で苦しんでゐる女工さんにはきっと力強く感銘を與へるにちがひない。吾々はかはいゝ娘を工場に出してゐる父兄諸君につげたい。諸君の多くは貧乏な百姓だ・食ふに困ればこそかはいゝ娘を小學校を出るや出ないに遠いところへ一人でやられたのだろう。募集人はうまいことづくめを並べたてゝも諸君だって女工生活の苦しい事位は想像されよう。

十二万ノ女工さんとその父兄諸君!!
團結して立て!!
暴虐な資本家と戰へ!!

諸君のかわいゝ娘は今工場の中から次の様に叫んでゐる。諸君はかはいゝ娘が立って暴虐な資本家と戰ふことを極力助けてやらねばならぬ。かはいゝ娘の身体のために又嫁入り仕度が充分に出来るためにも更に諸君の家計の一層助かるためにも。

十二万の女工諸姉に訴ふ。

一年のほとんど全部を工場に働く私達女工は獄屋にひとしい工場の中で二百度以上の熱い湯の中にいたいたしくやけふくれる手ー休養時間も満足に與へられずその上高い罰則になやみかけに見番や監督にどなられてくやしい思ひに耐いなければならない。月に二度の定休でも丁度にあったりなかったり会社の勝手で利用される。朝夕の時

▲平林せんが執筆した「赤色信越」第五号
製絲女工號

二　工場で働く者の真の味方——伊藤千代子さんを闘いで弔う日

伊藤千代子死す！の報が諏訪盆地にもたらされた時、彼女の指導をうけた工場労働者たちは抗議と追悼の声をあげた。「伊藤千代子追悼録」には、千代子の死後一ヵ月たった時の救援会諏訪支部準備会と日本製糸労働組合連名の「工場で働く者の真の味方　伊藤千代子さんを闘いで葬ふ日」と題する、追悼文が掲載されている。その一部を引こう。

「私たち工場に働く者の真の味方であり指導者であった伊藤千代子さんが亡くなってから丁度一ケ月たち今月二十四日はお命日である。今日一日を私たちは工場代表者会議、もしくは懇談会によって不平不満をたとえば賃銀が安すぎるから三割値上げしろ、罰則制度をなくせ、汚い寄宿舎を改善しろというように要求を決議して工場主にたたきつけることによって千代子さんの追悼の日としましょう。……

千代子さんは上諏訪の女学校を卒業して東京女子大へ入学しました。けれども私達働く者が不当に苦しめられている有様が見るにしのびなくて学校をやめ私達の生活をよくするために自分も東京本所の紡績工場に働きながら勇敢に闘ってくれました。千代子さんは、工場に働く私達の苦しみをよく知り、デニール罰や粗製罰その他色々の罰を作って工場主が如何に巧妙に搾りとっているかを教え、

……一人や二人で騒いだのではだめだ、みんながいっしよになり団結の力で……その力をなお

強くするために全製糸労働者は一つの組合に団結して闘うことが必要だと言うことをはっきり教えてくれました。……

千代子さんは死ぬ迄私達のことを思ってくれ、諏訪の女工さんのことだけが心配だと云っておりました。私達は今日の輝ける指導者、伊藤千代子さんを闘いで葬う事にいたしましょう」

と結んでいる。当時、千代子が諏訪の製糸労働者に共に闘う指導者として尊敬をもってむかえられていたことを示すものである。

三　海の向こうから寄せられた追悼――在コミンテルン・片山潜

伊藤千代子がその生を閉じた翌年、一九三〇年一月、千代子の死を悼む文章を含む論文が海の向こうから届いた。コミンテルン（在モスクワ）で活動中の片山潜からである。

▲片山潜（1859-1933）

片山潜は、一九三〇年一月、「世界経済恐慌に打ちひしがるる日本資本主義と日本共産党の任務」と題する論文を『コミンテルン』誌に発表した。

片山潜は、この論文でアメリカ合衆国からはじまった世界恐慌が日本にどのように波及しているかを日本資本主義の精緻（せいち）な分析によって明らかにしている。それは必然的に労働者、農民のたたかいの高揚をもたらすこと、それに応えるために三・一五、四・一六弾圧のもとで破壊された党組織を強大に建設することを訴えている。

そのなかで、当時、共産党内部におこった解党派の危険な動きを批判し、同時にそれに動かされずに獄中で不屈にたたかう千代子らを高く評価したのである。その論文のなかからそれを見よう。

「日本共産党は今一人のもっとも危険な敵をもってゐる。……とりわけ彼は『×××の廃止』〔君主制〕と言うスローガンは日本に於いては正しいものでもなければ又適用され得るものでも無い、と言うことと、共産党はコミンテルンと一切の繋がりを絶たなければならぬ、と言うことを明言していた。この同志はブルジョア法廷で党内情勢を語り、わが陣営内に騒擾をもたらし、収容されている同志の間に、特に東京の同志の間に、反対派を結成した。……併しそれと同時に我々は伊藤千代（ママ）、丹野セツ等の同志が、法廷に於いても又牢獄に於いても如何に堅く守って動かなかったかを強調しなければならぬ。特に同志伊藤千代のごときは、苦悩なる生活を続けたにも不拘（かかわらず）、克（よ）く婦人共産党員の名を辱めることなく、鬼畜の如き拷問によってその命を失ふ迄、法廷に於けるその行動に一糸の乱れさへ示さなかったのである。ブルジョア新聞は、彼女の死は、その夫の清算派的傾向を苦にやんだために一層早められたと報じている。……同志伊藤の如きは、スパイが彼女を情け容赦なく殴打したにも不拘、一言だに喋らなかったのである。」（『現代史資料』14「社会主義運動Ⅰ」みすず書房刊所収）

この論文は『コミンテルン』誌5号（一九三〇年一月発行）に掲載されたもので、原題は「世界経済恐慌の渦中にある日本」である。この論文特定にあたっては労働者教育協会の知友、岡松利治氏の協力を得た。同誌は週刊であり、当該号は第五週目の一月末発行のものである。

「論文」は、前年の一二月の経済指標などまでとりあげていて、そのうえ、年譜を見ると片山潜は、前年の一二月から重い病気で入院しているなかでの執筆であったと推測されるのである。それにしても、片山潜は千代子の死後わずか三ヵ月の間にどういうルートでこれらの情報を入手していたのか。片山潜は、この論文で、この間、獄中で、獄外で勇敢にたたかっていた青年群像にも光をあて、「我々は此等の中の多くの者に、敬虔な態度をとって、尊敬をもって、対さなければならぬ。何んとなれば、一九二八年六月二十九日〔治安維持法が緊急勅令によって最高刑を死刑に改悪された日〕以降に捕われた同志は、殆んど全て二十五歳以下の青年であるから。此等の同志は所謂『三・一五事件』があった後に党に加入したものである」と称賛している。

片山潜は、モスクワにあり、日本の共産党と党員、人民のたたかいを激励、援助し続けた。そして、一九三三年一一月五日、モスクワでその生涯を終えた。享年七四歳であった。

四　『女子党員獄中記』――原菊枝

私の手許に原菊枝の「難波卓爾様に呈す　昭和六年二月」という献辞つき『女子党員獄中記』が所蔵され、のち遺族に献呈された。原菊枝は、三・一五事件で太平警察署（現墨田区）に逮捕され、市ヶ谷刑務所に拘留された。そして同年五月、病気のため女区の病舎雑居房に移され、そこで伊藤千代子と隣り合わせとなり、八月に両人は確認しあい、その邂逅を喜び、以後互いに励ましあい獄内でのたたかいをすすめることになった。その原菊枝が二年後に出獄した時、当時、解放運動犠牲者救援会の難波英夫氏にすすめられて獄中の模様を詳細に書き記したものが本書で、一九三〇（昭和五）年一二月一五日発行され、翌年一月七日発禁処分となったため、ほとんど市中に出回ることなく「幻の書」と言われていたものである。原の文章は才気煥発（かんぱつ）なやや荒削りではあるが、それだけに飾ることなく獄中の模様、同志たちのたたかいを詳細に描き出している。当時の女子舎房でのたたかいの知恵、目を見張るような独創的な連絡方法、全房いっせいの統一行動など、往時を体験しない私たちにもその情景が生きいきと伝わってくる。

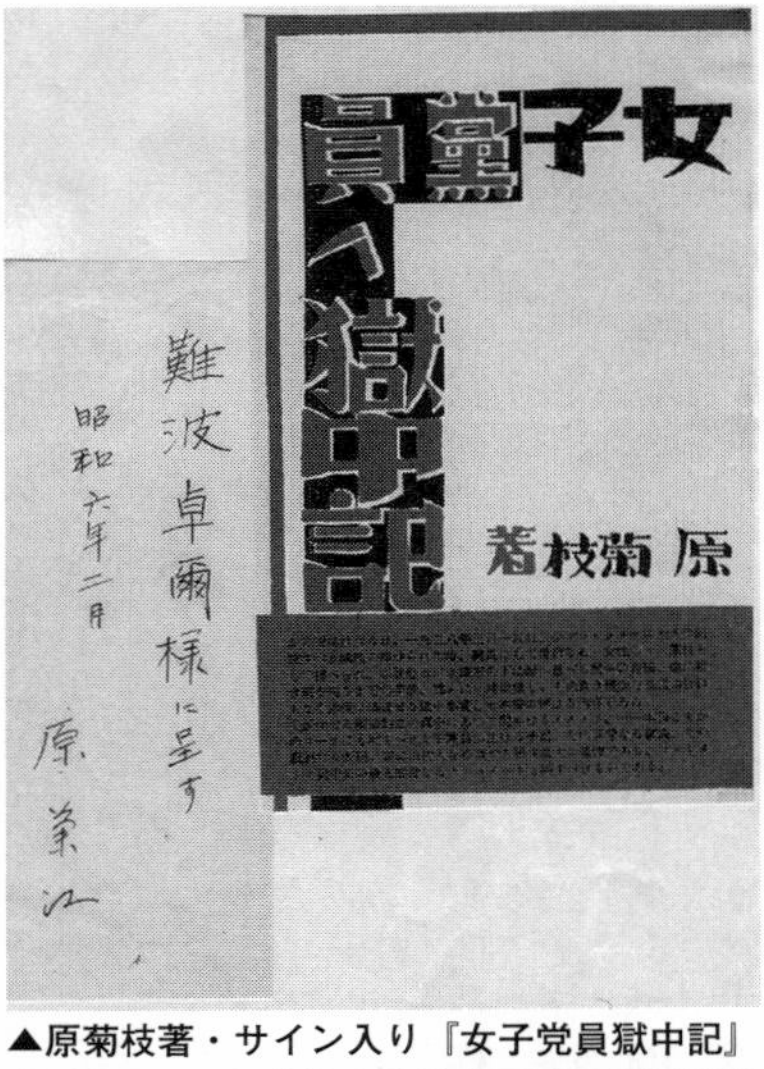

何よりも獄中生活一年余の多くを千代子とともにあり、共に悩み、苦しみを分けあって励ましあい、千代子の獄中の情況、生活振りを実に克明に書き記し、千代子の拘禁精神病発症の前後を精確に伝えるものとなっていて塩沢富美子の同時期の獄中回想と双璧をなすものである。

それは戦後になって当時の獄中を書き記したものの多くが、千代子の拘禁精神病発症の瞬間にだけ焦点をあてて書かれているのと質を異にした貴重なものである。原菊枝は同書のなかで「同志」「千代子さん！」など、尊敬する千代子に相当の紙数を割いて記述している。

澤地久枝氏跋文「消された声よ甦えれ」　同書が解放運動犠牲者遺族会・三多摩いしずえ会によって一九八一年五月復刻された時、澤地久枝氏が「消された声よ甦えれ」と題する跋文（ばつぶん）を寄せて、その

▲原菊枝著・サイン入り『女子党員獄中記』（復刻版＝治安維持法犠牲者国賠同盟新潟本部発行）

なかで特別に千代子について次のように書いている。

「この本の資料としての価値は、獄中で狂った伊藤千代子の最後の消息を書きしるしているところにあろう。

『この人が狂ひ出して逝くなった時には恋人を失った位に淋しくて堪らなかった』

という。この本の執筆当時は、情報も限られあるいは歪められて、状況の把握はきわめて困難であったと思われるのに、伊藤千代子の精神を引き裂いた「孤独」をしっかり見届けている。千代子のたたかいの知恵、やさしさ、同房の女性たちへの細やかな配慮など、伊藤千代子を知る上で欠かすことのできないエピソードがここにはある。

▲講演する澤地久枝氏

……それにしても、貴重な資料が復刻されて陽の目を見ることを喜びたい。一人でも多くの人に読まれることが、死者が生前語り残せなかったメッセージの伝達になると思うからである。」

その澤地久枝氏が、「九条の会」のよびかけ人の一人として全国をかけめぐりつつ、二〇〇五年七月一七日、諏訪での「伊藤千代子生誕一〇〇年記念集会」で「証言者としての伊藤千代子」と題する記念講演を引き受けられたのである。

第一三章　いま、新しき光のなかへ——二一世紀に生きる千代子

千代子郷里に還る

伊藤千代子の遺骨が特高警察の監視下に郷里諏訪に帰った時、近隣の人々は桑畑に身をひそめて迎えたという。養祖母のよ祢は千代子の墓を建てたあと失意の中でその後を追うように亡くなった。そのためよ祢の甥にあたる伊藤一郎が選定家督相続人になった。親戚縁者は子どもにいたるまで〝国賊〟〝非国民〟〝お上にタテついたもの〟とののしられ、唾をはきかけられ迫害をうけて沈黙した。諏訪の級友・友人たちは、聡明でやさしい千代子に思いを寄せながらも口を閉ざさざるを得なかった。千代子は「獄中で発狂して死んだ」という蔑(さげす)みの言葉も一部に聞かれた。こうしたなかでも伊藤一郎らは千代子の墓を守り、仏壇の奥深く隠して位牌と写真を護りぬいた。本書の表紙カバーを飾る、遺族に遺された写真は東京女子大入学の頃のものである。

ゆきひらの骨　一九七二（昭和四七）年一一月一五日、千代子の墓は中央高速道通過のため「龍雲寺霊園」の今日の墓所に改葬された。その時、千代子の骨はどうしてか骨壷にはなく「ゆきひら」（粥(かゆ)を煮る鍋）に入っていて、それを「おやげねぇ」と泣きながら抱いて改葬したのは伊藤善知氏（墓所継承者で、二〇一八年一一月没）である。千代子の骨は骨壷に入れることさえ許されなかったのであろうか。野呂栄太郎の骨壷が郷里、北海道長沼に帰った時、骨壷は針金で固く巻かれていたこ

▲伊藤千代子墓碑（諏訪市・龍雲寺霊園）

とが想起される。

一九三五（昭和一〇）年、軍国主義の言論統制下にあって土屋文明は、教え子伊藤千代子の実名をあげて詠いあげた。同じ年、松澤病院で治安維持法弾圧で拘禁精神病を病む青年たちに心を通わせる青年医師、秋元波留夫がいた。これらの人あって千代子は抹殺されかかった二四年と二ヵ月の生涯の真実を戦後に伝えることができた。

忘れ得ぬ人びと

伊藤千代子は、細井和喜蔵の『女工哀史』の印税（相当分）をもとに藤森成吉らの発起で一九三五年建立された「解放運動無名戦士墓」（東京・青山墓地）に、一九四八（昭和二三）年三月一八日、パリ・コミューンを記念した第一回合葬者として又いとこの平林せんとともに合葬された。

諏訪では〝あの千代子さが悪いことをするはずがない〟と心に秘めたまま戦後を迎えた級友がいた。千代子先生への淡い憧れとともにその姿を胸にしまって生きた高島小の教え子がいた。戦後まで深い想いをいただいた教師もいた。それらの千代子への想いはそれぞれの心に深く沈積して戦後が過ぎた。尚絅女学校のクラスメイト加藤満さんもその一人である。

土屋文明の「某日某学園にて」に詠われた伊藤千代子という人はどういう女（ひと）か、という問いかけから千代子の生涯に光をあてる戦後の作業は、アララギの流れを汲む人たち、東栄蔵、吉田漱氏らによってすすめられた。東栄蔵氏は『信州白樺』に拠り「伊藤千代子の死」を、吉田漱氏は歌誌『未来』に拠って「伊藤千代子がことぞかなしき」を発表しつつ伊藤千代子の実像に迫っていった。とりわけ東氏は、戦後、千代子の夫であった浅野晃と直接会い、聴き取りと「千代の死」(伊藤千代子の死を綴った未発表原稿二六枚)「伊藤千代子追悼録」、「生前最後の手紙」を入手して伊藤千代子研究と顕彰に先鞭をつけた第一人者である。

千代子の同志たちの研究と顕彰の活動も、ほぼ同時期にはじめられた。東京女子大の後輩塩沢富美子は、千代子にリードされた東京女子大社研活動と獄中闘争の思い出を公表し『野呂栄太郎とともに』に結実させた。共産党員ルポ作家山岸一章は、戦前の革命的活動家の発掘に生涯をかけた(『革命と青春』『不屈の青春』他)。一九六〇年代にはすでに千代子の事跡に注目し、諏訪中学で浅野晃の授業を受け、後に共産党員となった村上多喜雄(戦前、共産党東京市委員長)の取材の途上で千代子の墓所と親戚を訪ねた。ルポ「信濃路」(「赤旗」一九七〇年三月一五日付)は、多くの人々に千代子の存在を強烈に印象づけた。私が郷里の女性、伊藤千代子に目を開いていく第一歩となった。

一九八〇年代に入り日本共産党の女性幹部広井暢子氏(現、常任幹部会委員)の戦前の女性共産党員の不屈の活動に光をあてる作業が系統的にすすんだ。それは、昭和の初期、天皇絶対の専制支配の暗黒時代に命がけで社会変革の事業に献身していった最初の共産党員の一人、伊藤千代子の事績をうかびあがらせ、執筆と講演を通じて全国に千代子の業績が知られるきっかけとなった。

日本共産党の顕彰

一九九二年三月五日に開催された日本共産党第六回中央委員会総会において、宮本顕治議長(当時)

▲1992年第32回赤旗まつりの展示「不屈の青春――戦前の女性党員の群像」

は冒頭発言で、戦前、治安維持法下のきびしい闘いのなかで党と革命運動に献身し、それぞれ二四、五歳という若さで倒れていった四人の女性活動家――田中サガヨ、飯島喜美、高島満兎、伊藤千代子の氏名をあげて高く評価する顕彰発言をおこなった。その一人として紹介された千代子について、一九九四年に発行された党史『日本共産党の七〇年』に次のように記述された。

「まだ、党の若い時期に、自分自身も二四、五歳という若さで、身をていして共産主義運動のなかではたらいたことは日本共産党の誇りである。伊藤千代子は、三・一五事件で検挙され、拷問をうけたが屈せずにたたかいぬいた。彼女の女学校の師だった歌人の土屋文明は、言論統制のきびしい戦時下の一九三五年に、理想に殉じた伊藤千代子を想起して『こころざしつつ　たふれし少女よ　新しき光の中に置きて思はむ』と歌った。」

日本共産党のこの公式発表は、戦前は抹殺されかかった伊藤千代子に光をあてた心ある人々の思いを、戦後の級友たちの千代子への思いや発言、論及にも拠りながらさまざまの形で営々と続けられてきた千代子の生涯についての調査・研究の急速な進展と成果を凝縮・収斂したものとなり、多くの人々の心を撃つものとなった。

この間、一九九二年の第三二回赤旗まつりの展示『不屈の青春――戦前の女性党員の群像』の一人として千代子が紹介され、会場を訪れた多くの人々に強烈な印象を残した（**写真**）。

『こころざし いまに生きて』発刊と顕彰碑建立事業

この頃、諏訪では郷土史家藤森明が、先行する論究にも拠りながら諏訪の級友たちや伊藤家・岩波家などと接触を開始しつつ、地域新聞「新すわ」「茅野（ちの）民報」などに記事連載を開始していた。こうした藤森氏と私の接触が始まり、『こころざしいまに生きて―伊藤千代子の生涯とその時代』の執筆を勧め、学習の友社発行の編集協力という形で伊藤千代子と向き合うことになった。

そのおり、伊藤千代子の生涯でなお不明な事績がいくつか残されていることが話題になり、今後の研究課題が書き留められた。

この著書の出版記念会が諏訪で催されたおり、会場で伊藤千代子顕彰碑建立が提起され、「伊藤千代子顕彰碑建立実行委員

▲『こころざし いまに生きて』
1995年11月刊・学習の友社

▲伊藤千代子顕彰碑建立記念誌『今、新しき光の中へ』
千代子こころざしの会発行

伊藤千代子顕彰の碑文

伊藤千代子は一九〇五年（明治三八）七月二一日、ここ諏訪の南真志野の農家に生まれ幼くして母と死別、湖南小学校から中洲小学校へ転校し、祖父母の援助で諏訪高等女学校（現諏訪二葉高校）に学び、高島小学校の代用教員の後仙台尚絅女学校から東京女子大学へとすすんだ。

千代子は常に生活に苦しむ人々に心をよせ、世の中の矛盾と不公平さを許せず、学内で「資本論」を学ぶなど、社会科学研究会で中心的に活動した。郷里では初の普通選挙をたたかう革新候補の藤森成吉を支援、岡谷での歴史的大争議であった山一林組の製糸工女らを激励し、社会変革の道にすすんだ。

一九二八年（昭和三）二月、千代子は日本共産党に入党。三月一五日の治安維持法による野蛮な弾圧で逮捕、市ケ谷刑務所に投獄される。千代子は獄中での狂暴な拷問や虐待にも屈せず、同志を励ましたたかい続けたが、ついに倒れ一九二九年九月二四日、二四歳の若さで短い生涯を閉じた。

千代子の死後、女学校時代の恩師でアララギ派の歌人土屋文明は暴圧下のきびしい言論統制の中の一九三五年、教え子伊藤千代子の崇高な生涯を悼み歌に詠んだ。

千代子のこころざしは今も多くの人々に受け継がれ、生きている。

会」の発意と全国からの募金が合流して、一九九七（平成九）年七月二一日、伊藤千代子の誕生日に、墓所霊園の一角に顕彰碑が建立され（**中扉に写真、碑文は前頁下段**）、その後の伊藤千代子顕彰運動の拠り所となった。この事業は「伊藤千代子こころざしの会」に引き継がれ、顕彰碑保全管理と顕彰運動を恒常的に担うものに発展している。

諏訪二葉高校、尚絅女学院、東京女子大同窓にて

伊藤千代子の出身校・諏訪二葉高等学校『七十年誌』は、「三代校長土屋文明とその時代」についての記述をおこない、記述のなかには伊藤千代子の氏名も見られる。どちらかといえば平林たい子に力点が置かれがちな諏訪にあって文明と千代子に光をあてようという心配りが見える編集である。ついで、二〇〇八年には『写真がかたる二葉百年のあゆみ』が刊行され、伊藤千代子の記述がさらに充実して紹介された。

『イエローローズ』　千代子の後輩にあたる諏訪二葉高校出身の葛城誉子氏（6回生）は、同人誌『木の花』（主宰、山室静）に一九九〇（平成二）年から母よ志子さん秘蔵の千代子からの手紙を題材に小説『イエローローズ――伊藤千代子の青春』の執筆を開始していた。そして、顕彰碑建立から一年後の千代子の命日、七月二一日に上梓した。こうして千代子の「心の友」への手紙四七通がよみがえり、千代子の青春時代の営為を、いまに生きいきと伝えてくれた。「手紙」の公開が私の千代子の資料さがしと事績のほりおこしの触媒となった。

▲葛城誉子著『イエローローズ』1998年刊

「伊藤千代子を歌う三つの歌曲」　同じ諏訪二葉高校出身の中村洋子氏（12回生）は、コーラスグループでの経験を活かし、先輩・伊藤千代子を詠んだ土屋文明の「伊藤千代子がこと」三首に高平つぐゆき作曲になる「伊藤千代子を歌う三つの歌曲」を歌いつつ千代子の事績と治安維持法犠牲者国家賠償要求同盟の活動紹介に力を注ぎ、ジュネーブの国連人権委員会で千代子らの事績紹介に力を注いだ。中村の歌う「三つの歌曲」は小林多喜二愛唱の「折ればよかった」とともにCD『幸せ願いうたう』に収録され普及されている。

尚絅女学院、東京女子大同窓　伊藤千代子の顕彰・研究活動の高まりは、彼女の学んだ学校の同窓生にも大きな関心をよび起こしている。尚絅の地仙台、東京女子大のある杉並という地域にとどまらず心ある同窓の人たちの自主的協力が生まれている。本書にはこれらの方々の協力の成果が随所にとり入れられている。こうし

て伊藤千代子の顕彰・研究活動は点から線へ、線から面への大きな広がりをも生みだしつつある。

二一世紀を生きる秋元波留夫医師

伊藤千代子は、「発狂して死んだ」という汚名を戦前はおろか、今日でも着せられることがある。私たちは、戦後も長い間、その正確な病名を知らされてこなかった。塩沢富美子だけが「拘禁性ノイローゼ」という呼称を使って千代子の病症に迫っていた（『野呂栄太郎とともに』）。

秋元波留夫先生は、当時のご自分の治療体験のうえに専門知識を生かして千代子の病症を「治安維持法拘禁精神病」という呼称で呼び、それを社会的に明らかにする役割を担われた。

「私が松澤病院に勤務した一九三五年当時、拘禁精神病という診断で入院している、治安維持法で投獄された人たちがいるのに驚愕するとともに、戦争反対を唱える勇気のない自分を恥ずかしく思ったことを忘れることができません。……それらの患者の病状は、激しい興奮や幻覚妄想で、分裂病の急性期とほとんど区別できないものでした。これは単なる拘禁が原因ではなく、苛酷な取り調べと、良心の囚人としての精神的葛藤でおこる心因反応であり、治安維持法は人を狂気に追いこむ悪法だと思ったものです」（『精神障害者の未来のために』発行・共同作業所全国連絡会）

拘禁精神病発症のメカニズム　では、その拘禁精神病発症のメカニズムをどうとらえたらよいか。

秋元先生は『実践精神医学講義』第32講「治安維持法と拘禁精神病」（二〇〇二年刊）のなかで、「第一に、治安維持法によって逮捕勾留された人が拘禁中に精神障害におちいるのは、特高警察の残酷な取り調べ（拷問、「転向」の強要など）による身体的、精神的苦痛に加えて、さらには、自分の信念と肉親の情愛との葛藤、将来の不安、その他、さまざまな解決困難、精神的苦悩が限界を越え

伊藤千代子顕彰碑前に立つ秋元波留夫先生（右から８人目、右隣りは伊藤善知氏、2002年９月）

るからであります。第二に、治安維持法による拘禁精神病が一般受刑者のそれと異なり病象が重く、多項で、分裂病に酷似するのは、原因となった精神的苦悩、精神的外傷が強烈であり、分裂病様症状が強烈な精神的外傷に対する生体反応であるからであります、この意味で、治安維持法による拘禁精神病は「心的外傷後ストレス障害」（Post Traumatic Stress Disorder）というべきものであり、治安維持法はＰＴＳＤを生む悪法であるといわなければなりません」と強調している。

そして、二〇〇二年九月には伊藤千代子の故郷諏訪を訪れ、墓前・碑前祭にのぞみ記念講演、千代子の拘禁精神病の元凶は治安維持法と特高警察であると断罪された。その後も著書、論文、講演など多岐にわたる活動を通じて伊藤千代子顕彰に貢献し、こうした中で「医療九条の会」呼びかけ人の一人として改憲勢力の策動にきびしく抗議する姿勢を貫かれ、二〇〇七年四月二五日、一〇一歳でその生涯を閉じた。

苫小牧・勇払に千代子の「痕跡」を追って

二〇〇五年四月一日、伊藤千代子が市ヶ谷刑務所から発信した生前最後の手紙四通が北海道・苫小牧市立中央図書館で公開された。その手紙の全容は第一〇章で紹介した。いったい千代子の手紙が、なぜ苫小牧にあるのか、という疑問が参加者から異口同音に出された。

この疑問はそもそも浅野と苫小牧を結ぶ接点は何か、という問いかけに通ずる。浅野晃は、一九四五（昭和二〇）年五月の大空襲で東京の自宅を全焼し困窮のなかにあった。敗戦後の一〇月、水野成夫が、自分の経営する國策パルプ勇払工場の役員用社宅を提供、浅野一家はそこに寄寓し、「生活費」を提供された生活がはじまった。それから五年間、一九五〇年に上京するまでの間、浅野は戦後ほうはいと起きた文化運動にのって、勇払原野近隣の村落まで足をのばし活躍したが、講演内容は反マルクス主義の立場からのものであった。

こうして浅野晃は、地域文化の復興に功績があった市民として、苫小牧市立中央図書館に特設コーナーが設置され、主要著書、翻訳書、論文、手紙などの資料が収蔵されているのである。

手紙の「発見」　千代子のこの手紙四通は、戦後、浅野晃に直接会って千代子についての聴き取りをした東栄蔵氏が「伊藤千代子追悼録」とともに入手していたものである。ところがその後、この手紙は東氏の手を離れてふたたび浅野の手に戻され、一九七八年一二月に自分の特設コーナーのある苫小牧市立図書館長に保管を依頼したのである。

二〇〇一年一二月、私が長野市に東栄蔵氏を訪ねたおり、千代子のこの手紙の行方が話題になった。この手紙捜しは、すでに知人の手をたどっておこなわれたが苫小牧市立図書館には現存しない、ということで頓挫（とんざ）していた。そこで私も「手紙」捜しに協力することになり、まず、東氏への浅野の手紙受領の礼状内容から、苫小牧市立図書館に的をしぼることとし、労働者教育運動の知友、片岡克巳氏（北海道労働者学習協議会会長）の紹介で、共産党苫小牧市議会議員（当時）の畠山忠弘氏に事情を書き送って調査を依頼した。

こうして二〇〇二年一月下旬、畠山氏の同図書館への照会により、未整理の資料群のなかに古い半紙に包まれた手紙四通が発見された。そしてその後三年間にわたる畠山氏らの理をつくした要請と図書館側の前向きな判断が実る日を迎えたのである。

千代子のサイン蔵書　苫小牧から車で鵡川（むかわ）を遡ること一時間、かつて鉱山と炭鉱の村、現在も林業が盛んな穂別町（町民約三八〇〇人）がある。千代子の手紙の追跡のなかで、私は勇払各地に浅野晃が足跡を残していること、そして苫小牧市立図書館と双璧をなす穂別町にも浅野晃の膨大な資料が所蔵されていることを知った。戦後、浅野がこの村（当時）の短歌会等の指導でおとずれ、村興しに懸命な村長の横山正明と知り合い、意気投合、その後、村の電化と発展に貢献したことから浅野の死後、蔵書、手紙類など彼の自宅にあったすべての資料がこの穂別町に送られ、穂別町教育委員会は、旧国鉄富内線富内駅前に特別資料室を設け、所蔵資料の保管と整理をおこないつつ今日にいたっている。

このなかに千代子の痕跡が残されている資料はないか。これが私と穂別町とを結ぶ接点となった。共産党穂別町町議の中野嗣久氏と紹介の畠山忠弘氏の尽力で穂別町「浅野晃資料リスト」を入手した。〇三年六月下旬であった。そして、その蔵書資料No.54「訳書　マルクス『哲学の貧困』」に初めて千代子の痕跡を見いだした。

大正一五年四月一五日初版、定価二円九〇銭弘文堂書房。見開き・黒ペン書き込み「May 1. 1926 Chiyoko Ito」

伊藤千代子のローマ字サインとの出会いの発端であった。その後まず、資料室で『哲学の貧困』の所蔵が確認された。

苫小牧市立中央図書館での千代子の手紙公開に立ち会った前日の二〇〇五年三月三一日、苫小牧でかつて夫人が浅野家と親交があったという上山武男氏の車で穂別町を訪問、白山教育長と実際に所蔵資料整理に全責任を負っている斉藤征義氏と懇談の後、同氏の案内で残雪残る宮内地区の「浅野晃資料室」の公開と懇切なる説明を受けた。そして、千代子のサインのある『哲学の貧困』と対面した。千代子のローマ字サインは伸びのびとした筆致で見開き扉の左端上部に書き込まれていた（**写真**）。

伊藤千代子の蔵書『哲学の貧困』と中扉のサイン

サインの特定　斉藤氏からは、これが千代子の直筆サインであることの確たる証明ができるかどうか、という課題が提起された。その後、まず穂別側での検討の結果、このサインが浅野晃の筆跡ではないことが確認された。

一方、在京では、千代子直筆の手紙所蔵者の葛城誉子氏の協力を得て、手紙の筆跡とサイン筆跡とを照合して同一筆跡かどうかの鑑定作業をすすめた。その結果、ローマ字部分は直筆手紙にはなく照合できなかったが、所蔵の手紙に付されたノンブルとサイン数字部分との照合により筆跡が酷似していると判定された。とりわけ、9、2、6の数字の独特の筆跡に同一性が見られ、このサインが伊藤千代子のものに間違いないと特定された。

浅野晃がこのマルクスの名著『哲学の貧困』を翻訳し、弘文堂から出版したのが一九二六年四月であった。千代子はその出版直後に購入しサインを書き込んだのであろう。一九二六年春は、千代子が学外のマルクス主義学習会に参加し科学的社会主義の古典の学習にふみこんだ時期である。このサイン入り蔵書は、千代子の学習の到達点を知るメルクマールとしても貴重なものである。

千代子が、逮捕後、市ヶ谷刑務所から松澤病院に移送され死亡した時、彼女の所持品は浅野家にあって郷里には返されなかった。その遺品が大空襲のなかでどうなったか、サイン本や手紙群が戦後、浅野晃の手許に遺された経緯の追跡は今後の研究テーマの一つであろう。

こうして苫小牧、穂別の地において千代子の遺品ともいうべき生前最後の手紙が公開され、サイン付き蔵書が発見されたことは、生誕一〇〇年を記念するまたとない贈りものとなった。

伊藤千代子ルネッサンスの地平

その苫小牧では伊藤千代子生誕一〇〇年を迎えた二〇〇五年七月三日、「伊藤千代子最後の手紙公開記念の集い」が全道からの参加者を迎えて開催され伊藤千代子顕彰の大きなうねりをつくりだした。

そのことが、浅野晃や水野成夫と関係の深いこの地方で、浅野の戦前・戦後の思想遍歴と行動、その言動と作品の全軌跡に真実の光を照射しなおす契機をつくりだしている。

公開された「手紙」の写真撮影はできなかったが、図書館側の配慮で十数日をかけての筆写が可能となり、「手紙公開記念の集い実行委員会」の手で『地しばりの花』**（写真）**と題して発刊され、読み継がれている。

同じ七月の一七日、全国から千代子への熱いおもいを集めて郷里諏訪で「伊藤千代子生誕一〇〇年記念事業」――墓前・碑前祭、記念集会、展示会、全国参加者交流会が開かれた。その成功が顕彰・研究活動における伊藤千代子ルネッサンスの新しい地平を切り拓く契機となった。

伊藤千代子獄中最後の手紙と「集い」講演録
地しばりの花
「伊藤千代子最後の手紙公開記念の集い」記念誌

▲『地しばりの花』――伊藤千代子獄中最後の手紙と「集い」講演録。2005年刊

補章　一〇〇年前、声をあげた女性がいた

♪　こころざしつったおれし少女（おとめ）よ
そのこころざし　あたためて生きよう
未来を見つめて　命奪われた人
あなたを思いながら生きよう
／ベーベルやマルクスを読み　光感じて
富める者貧しき者　この世の不条理
まっすぐな心を　突き動かして
自由と平等を求めて　立ち上がった人　…♪。

シンガー・ソングライター、ケイ・シュガーさんが歌いあげた女（をとめ）。
一〇〇年も前、権力に抗して声をあげた女性がいた。

▲ＣＤ「未来へつなぐレクイエム　２」――長谷川テル・上甲米太郎・伊藤千代子・伊藤てる・三木清――、歌詞・詞曲：ケイ・シュガー　制作＝治安維持法国賠同盟大阪府本部

一　ベーベルの『婦人論』に学び、ジェンダー平等へ

本書の第二章で、東京女子大に入学した二〇歳の千代子が、ベーベルの『婦人論』を読んで、男性

中心社会によってつくられた性差の「催眠術」から解き放たれた時、どんなに素晴らしい世界が展かれるか、と郷里の級友に書き送ったことについて触れた。

今日のジェンダー平等を求める多くの人々の希いと結びつく卓見ではないか。千代子の中に、男女平等を求め、女性解放という新しいもくろみ（目標）が芽生え、彼女が自らに課した英語の勉強という「小さなもくろみ」から、社会変革の事業への献身という「大きなもくろみ」へと転換していった、その中間点の軌跡をよく示しているといえよう。それは、男性に隷属しない女性の自立を促し、男女平等・男女同権の実現に向けて歩を進めていく、今日のジェンダー平等（たんに両性の平等でなく、多様性のある性の認識も含めて）の思想に接近するものであったといえよう。

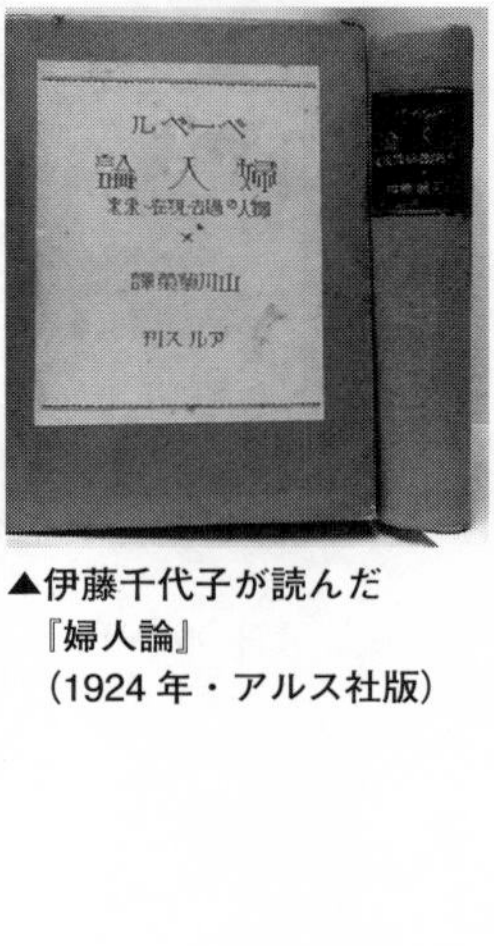

伊藤千代子は、一九二五年、仙台の尚絅女学校を経て東京女子大英語専攻部への編入学を果たし、自由・平等、女性尊重、民主主義志向のあふれる学内の空気を胸一杯吸って新しい学生生活を出発させた。その年の一二月二四日付の五枚にわたるエンピツ書きの手紙（資料①図版）で細井和喜蔵の『工場』、『女工哀史』を読んでの感想と同時に、ベーベル（資料②）の『婦人論』を読んで、

「女の人が覚める時、深い〱眠りから、男子の催眠術から、そして、まず自己の自己に対する催眠術から覚める時、どんなに素晴らしい世の中が展かれてくるでしょう」

と書き送る。

▲伊藤千代子が読んだ『婦人論』（1924年・アルス社版）

千代子の在学当時、東京女子大には、社会学部を中心に多くの少壮の社会科学者が教鞭をとっていた。その一人に河崎なつ（一八八九―一九六六、戦後、日本母親大会実行委員会委員長）がいる。河崎は、一九一八（大正七）年三月から二九（昭和四）年三月までの期間在任していて（東京女子大図書館調べ）、卒業生の記述によると『婦人論』を講義していたことが知られている。千代子も社会学部研究会に参加していたことから聴講していた可能性がある。千代子が学んだ当時の『婦人論』は、山川菊栄の翻訳による『婦人論――婦人の過去・現在・未来』（一九二四年、アルス社刊）であろう（**前頁写真**）。

千代子は、同時代の女子学生に先んじて『婦人論』の内容に目を開かれ、女性の自立の重要性と、社会的に作られてきた性差へのほとばしるような批判を「催眠術」という言葉で表現した。

こうして育まれた千代子のアイデンティティーは、その後の活動――「女子学連」の結成、第一回普選、入党、市ヶ谷刑務所での「女子舎房」でのリーダーシップと獄中闘争という激変の生活の中に貫かれ、生かされていったとみることが出来る。

資料①伊藤千代子の手紙。1925 年 12 月 24 日付、東京女子大寄宿舎から旧友・五味よ志子さん宛て現存の手紙。便箋に、エンピツで。５枚のうちの２枚分。傍線は筆者

こうして一〇〇年も前、新しいタイプの女性たちが、科学的社会主義に導かれて、わが国の黎明期革命運動にさっそうと登場してきた。千代子はその最初の一人となった。

「……男の人はやはり羨ましい。『女の人は気の毒』といはれても仕方ありません。自分でも気の毒だと思ってます。いいかげんな良妻賢母に育てあげやうと小学校からして一定の目的のわくにはめ込まれるのですからね。女は智的、生理的すべてに男子に劣る――なんて、劣るようになったその原因はぬきにしてすぐ結果ばかりいふ論理がございませうか。美しい催眠術にながい間かけられてきたにすぎないのです。ヴェーヴェルといふ人が実に痛快に『婦人論』の中に述べてあります。お読みになることをおすすめします。

明日から授業なし、二十四日が休みといふことになりました。今日午前の試験が終わりましたので、午後から細井和喜蔵の『工場』を読み了りました。この人のは『女工哀史』といふのもあって粗野な荒けずりな原始的とも云ひたい気持ちの中の人間もピチピチと丈夫で元気な丸々しい新鮮な感を与へてくれました。

女の人が覚める時、深い深い眠りから、男子の催眠術から、そして、まず自己の自己に対する催眠術から覚める時、どんなにすばらしい新しい世の中が展かれてくることでせう。世の先輩とか師とかさういふ人の声には謙虚でつつしみぶかく耳を傾けませう。しかしほんとうの先輩、師は、ありのままの心、この自己と現実のありのままであるその事実にひそむことを忘れますまい。時代の力、私共の時代の力、それをどこ迄もどこ迄も信じませう。……」

二　さいごまで卒業への努力――「卒業資金」拠出とした自らの謬論を正す

学費の拠出　一九二八年一月、第一回男子普通選挙を戦う労農党候補山本懸蔵は、病気と何よりも選挙資金の未調達から選挙区へ出発できないでいた。多喜二らの待つ北海道からは矢のような催促が届いていていて、共産党から労農党本部に派遣されていた夫の浅野晃は苦慮していた。そんな矢先に、千代子に郷里から学費が届いた。

資料②　アウグスト・ベーベル

1840　2.22 ケルン生まれ
1866　第一インターナショナル会員
1868　第５回ドイツ労働者協会連合大会でベーベル作成の綱領・規約採択。初めての有罪判決「国家に危険な学説を広めたこと」
1869　３週間の監獄入り。獄中でマルクス『資本論』を読む。ドイツ初のマルクス主義政党・社会民主労働党創設に参加
1871　ドイツ帝国議会に最高位で当選。パリ・コミューンへの連帯挨拶
1873　マルクス、エンゲルスとの間に文通始まる
1878　ビスマルクの社会主義鎮圧法成立。プレッツェンゼ―監獄に収容。「婦人の現在と未来の地位について」を執筆
1879　『婦人論』（「婦人と社会主義」）非合法に刊行する。エンゲルスの「反デューリング論」を読みマルクス主義へ。ロンドンのマルクス、エンゲルス訪問、交流深まる
1883　マルクス死去。『婦人論』第２版（社会主義鎮圧法の施行下で）「過去・現在・未来の婦人」と改題 刊行。
1891　ベーベル書名をもとに戻す
1895　『婦人論』第２５版。エンゲルス死去、ベーベルが「遺稿相続人」に
1909　『婦人論』第５０版
1910　ドイツ帝国議会で軍備戦争政策反対の演説
1913.8.13　死去
（倉田稔著『ベーベルと婦人論』の略年譜から抄出）

社会主義鎮圧法時代のベーベル

浅野晃は、「…とっさに私は考えた。…〝その金を俺にくれないか…山懸にやるんだ。これだけあればすぐに出発させられる〟。彼女にとっては思いがけない衝撃だった。…この金を私に渡すことは卒業を断念することを意味していた。千代子はさすがに泣いていた…涙を収めた彼女は…よくわかったから使って下さいとその金を渡した」と回想する（戦後、東栄蔵氏の聞き取りによる。『伊藤千代子の死』から）。

このくだりを紹介する際に私は、不用意にも彼女の拠出したこの「学費」を「卒業資金」という表現を使ってしまった。

当時の革新陣営の選挙戦は、大衆的なカンパ活動のもとに展開された。東京女子大の学生たちの間では、「貯金や指輪、貴金属などを出し合っていました」（『創設期における東京女子大の思想的動向』東京女子大女性学研究所編）

しかし、浅野のこの行為は性急なもので、千代子は共産党を含む共同戦線選挙での大義のために断腸の思いで決断し、決断した後はその行為を活かすために自らも労農党候補の勝利のために力を尽くした。「学費」の拠出に後悔せず、涙をふるって起ちあがっていった。

多喜二と千代子　この時、拓銀小樽支店に勤務していた多喜二は、一月三一日の深夜、小樽駅頭に山懸候補を迎えた。送り手側に千代子、そして受け手側に多喜二がいた。多喜二は、勤務が引けると労農党の選挙事務所に詰めて山本懸蔵の選挙応援に参加、2月中旬には羊蹄山のすそ野の雪原を踏み分けて応援演説を繰り広げ、その模様を『東倶知安行』**（次頁写真）**で描いた。その冒頭部分で全国からのカンパが紹介され、

一、参十圓也　東京×××子

から鶏卵〇個、切手〇枚…　と続く。

本当に「卒業資金」だったのか　この時の千代子の拠出額はいくら位だったのか。

通常の月の学費を、千代子は後に予審判事の訊問に対して、毎月、養家の岩波家から四十円位の送金を受けていたと答えているので、おおよそこの金額に近いものだったと推測される（二八年一二月七日、「第二回訊問調書」）。

ここで、東栄蔵氏が戦後、浅野晃から聞き取った冒頭の話の内容をもう一度見ると、「学費の拠出、卒業断念」と同時形で語られているため、「学費＝卒業資金」と思いこんでしまった。

卒業の努力続ける千代子　しかし、その学費の拠出は一月下旬のことで、三月卒業期の「卒業資金」ではない。その証拠に千代子は、その後も一貫して郷里への期待に応えるため、せめても卒業だけはと努力をしている。

今回、提示する千代子の検挙直前の郷里、岩波家への手紙（二月二〇日の第一回普選開票直後から

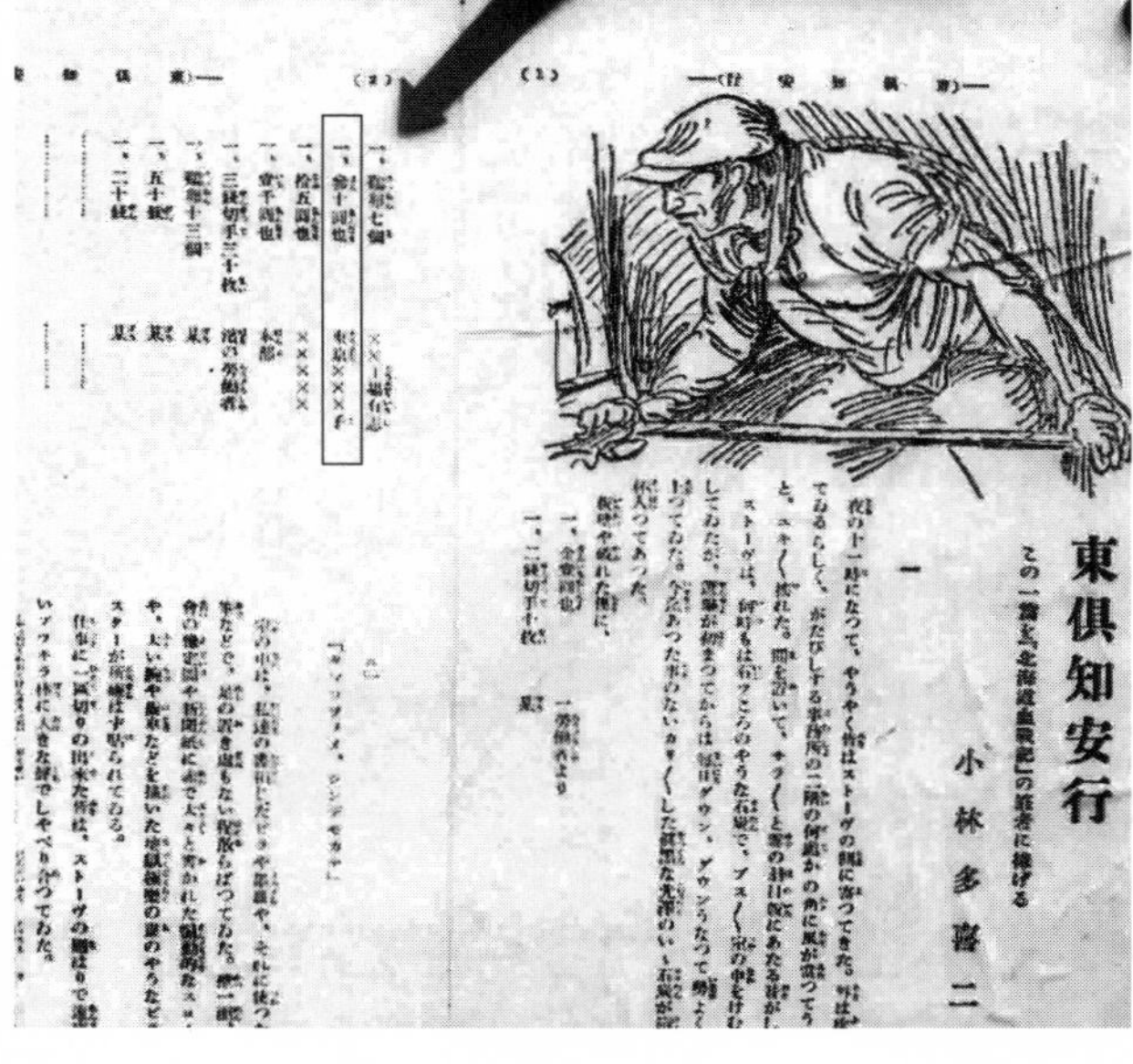

東倶知安行

この一篇を「北海道血戦記」の筆者に捧げる

小林多喜二

一、参十圓也　東京×××子

二五日位までの間の発信と推定される）をつぶさに見ると、そこには、三月期の卒業日程が書かれ、なお、「いつもより十円位多くを三月一日位に着くように」と懇請している（**次頁資料**）。

保証人が退学届け出　ところがここで重大問題が出来していた。当時、千代子は、「女子学連」の全国的組織化や学生社研の活動をスムーズに行うため、住所は大学内の寄宿舎に置きながら、浅野との結婚生活の場を新宿近くの高田馬場の家に設けていた。そして決定的には、二月二九日の共産党入党と同時に中央事務局の任務をこなすために、湯島（文京区）に作業居室を設けての生活に入っていった。

その間の事情を、東京女子大の安井てつ学長が遺した「重要書類綴」からみることが出来る。安井学長は、二八年五月二八日付の文部省専門学務局長からの「共産党について起訴せられたる者の調査表作成回附依頼」への「回答」を行っている（この項再掲載）。

「００１　同人は長野県〇〇高等女学校出身なる同級生にして人の妻となり社会科学研究に興味を有する者と（東京に於て）相往来せる由なるを以て茲に思想上の影響を受けたるにあらずやと推測せらる。但し当校在学中余りかかる種類の研究に興味を有せざるものの如く見えしが、同級生たりし００３と交りを結ぶに至りて屡々欠席をなすに至り、初めて学校の注意を惹き警告したる所ありしが、病気の故をもって欠席を継続し、終に卒業試験をも受け得ざる旨を通知せるをもって、保証人と協議の上、退学者として認め、その手続きを取るに至れり」

この「回答」にあたり安井学長は、００１、００２、００３の該当調査対象者について「左傾主義、研究に入りし動機及びその経過に就いては本人に就て直接調査するにあらずば全く取調べの方法なきを遺憾とす」とのみ答え、該当の3人が、すでに卒業者あるいは中退者であり、それぞれ独立した社会人とみなして、管理下にないことを強調し、文部省の詰問に答えているのは、当時としては卓見であり、学長の毅然たる態度を見ることができる。

ここで001は、同校への右記調査依頼への回答の1号を意味するもので伊藤千代子。同じく002は渡辺（のち志賀）多恵子。003は福永（旧姓波多野・のち是枝）操と特定されている。

卒業への道を断ったもの　こうして浮かび上がってきたことは、千代子が最後まで卒業への努力をしていたことである。しかし学校側が、千代子との連絡が取れないことを理由に保証人を呼び出し、退学届けを「出させてしまう」という事態が千代子には知らされずに進行していた。

さらには、普通選挙後の労農党の前進の中で確信をもった千代子が同年二月二九日共産党に率先入党し、前夜から徹夜でガリ切りした文書をもって三月一五日、「党印刷所」を訪ね特高警察の追跡を受けて検挙され、警察署での拷問・拘置から市ヶ谷刑務所への拘留と続く治安維持法弾圧が千代子の卒業への努力を遮ってしまったのである。

資料・「伊藤千代子追悼録」から

「…藤森（成吉）氏や労農党の人の演説をきいてくださいましたでせうか。藤森氏は落ちてしまひましたが、これを機会に諏訪の地にも労農党とはどんなものか、私たちの運動はどんなものか、が広く知られたと思ひます。

お聞きになってお祖父さまはどうお思ひになりましたか。全国で無産者政党から八人出ました。今月下旬の臨時議会でその人たちがどんなことをするか、みんな大変注目されてゐます。選挙はすみましたが、その後始末や方々からどんどん入党を申し込んでくる人が多く本部は今大多忙です。私も土曜、日曜は手伝いを命ぜられてしまひます。

学校は三月の二日から九日まで卒業試験があって、そのあと各クラスの送別会や謝恩会、クラス会があるようですが卒業式は二十三日です。二十日までは試験後の授業がある予定ですが、もしクラスの人がみんな旅行に出かければ授業はなくなりますから十日ごろらには私は帰りたいと思っています。それで今度は謝恩会、同窓会、学校へ残しておく記念品だとかいろいろ費用がかかりますので後の方は切り詰める考えですが、そんなものではどうにも足りませんから、来月分は何時もより十円くらい多く送っていただきとうございます。そしてすみませんけれども、三月一日位につくやうに送っていただきたいのです。試験の始まる前までに頼むものは頼まなければなりませんからどうぞおねがひいたします。気候が変わり目でわるい風邪がはやりますからみなさま用心してくださいませ。」

三 新しい時代は必ず来る——「訊問調書」に見る確信

伊藤千代子の起訴・裁判記録のうち、現存するのは「予審訊問調書」と「予審終結決定書」の二つである。「訊問調書」は、戦前の裁判制度の中にある本裁判一つ手前の予審判事による訊問に関わる裁判用調書のことである。伊藤千代子は、「三・一五事件」で検挙された後、警察署での拷問取調べののち、市ヶ谷刑務所に収監され、未決拘留のまま予審判事の聴取を受けている。

これらの治安維持法による裁判記録の多くは、内務省警保局・特高警察から一九四五年八月一五日の敗戦前後に、占領軍に押収される前に焼却処分命令が出されて、証拠隠滅された。従って、戦後われわれが目にする裁判記録は、裁判所関係者、弁護士などにより保管されていたものが多い。

伊藤千代子の「訊問調書」によれば、千代子の訊問は、四回に分かれて行われている。その主な内容は、

第一回　1928年12月6日　氏名年齢住所本籍など人定質問。2問
第二回　〃　12月7日　入党の動機、活動の内容、所信の披歴　など21問
第三回　〃　12月8日　中央事務局の任務内容、検挙時持参した謄写版原紙の内容など27問
第四回　1929年3月1日　第三回の続き　10問

などである。

この内、彼女が自らの所信を堂々と主張する、第二回訊問調書は圧巻である。まずその理路整然とした受けごたえ、とりわけ、科学的社会主義の理論を体得したことによる不動の確信の論述、「二七年テーゼ」の内容を述べるくだりなど、「文書」ももたず、極めて正確に述べていて、彼女の理論水準、革命運動にかける決意の高さに心打たれるものである。

補章一項で私は、封建制時代の負の遺制をひきついだ明治・大正時代の男性社会によって作り出された性差・不平等への千代子の新しい視点を述べ、獄中での変節攻撃にたいするたたかいで女子舎房の団結をリードしたことを述べた。

この項では、獄中にあった千代子が水野らの絶対主義的天皇制の容認、日本共産党の解体の主張に

対して、厳然と立ち向かえた理論的確信の拠って来る要因を見よう。
この「訊問調書」で千代子の思想的・理論的水準の高さと「新しい時代は必ず来る」という不動の確信を見ることができる。長文の「調書」のなかのその部分を抜粋する。（収録に当たり、カナはひらがなに変換して収録。カッコ内は藤田注）

10問　思想の推移如何

答　私は女学校時代には人道主義的思想を持っておりましたが、東京女子大に入学してから同大学社会学部研究会において唯物史観、支那問題、国際情勢等について講演を聞き、かつ右に述べましたようなマルクス、エンゲルス、レーニン等の文献を読みました結果、共産主義的思想を抱くようになり、現在においては共産主義社会をもって理想的な社会と考えております。

14問　日本共産党に加入していたか

答　私は日本共産党に加入し現にその党員であります。

15問　日本共産党に加入した顛末如何

答　…同月（一九二八年二月）二九日午後二時頃水野成夫方を訪ね…貴女は日本共産党に加入することになったが女で共産党に加入しているものは少ないから貴女は光栄でしょうと申しましたので、私は光栄ですと答えました。…
私は無論日本共産党に加入して働くことに異存はなかったので、その翌日から水野成夫方（日本橋水天宮近辺）に通い毎日午前一〇時半頃から夕方までその処でいろいろな雑用をこなしたり、水野成夫の命を受けてレポートを運んだりして党員としての仕事をしました。…その後党員として活動したのであります。

16問　被告は日本共産党員に加入した前に同党について何らかの知識を持っていたか

答　…日本共産党に加入する前すでに共産主義とは何も現実を飛び離れた空想的なもの

ではなく、かえって現在の社会組織が持っている根本的な欠陥すなわち私有財産制度およびその私有財産制度から生ずるいくたの欠陥の原因を徹底的に認識し、やがて現在の社会が持っている欠陥の故に必然的に到達すべき次の社会への見透しを与えるものであり、また共産主義者とは右のような共産主義の認識を持ち私有財産制度が産み出した現在社会の大多数を占めている被抑圧民衆の利益のために身命を賭して徹底的に闘わんとするものであり、しかして共産党とは右のような共産主義者の結集であることを知っておりました。しかのみならず私はマルクス主義の昭和三年一月号の付録に収録されてあったコンミンターンの日本問題に関する批判を読み……

そのために当面のスローガンとして、

君主制の撤廃／宮廷寺院地主等の無償没収／戦争の危機に対する闘争／支那革命不干渉／ソビエットロシアの防衛／植民地の完全なる独立／議会解散／十八歳以上の男女の普通選挙／言論・出版・集会・結社の自由／いっさいの反労働者法の撤廃／八時間労働制／失業保障／高度の累進所得税。

等を掲げ、また中心スローガンとして

労働者農民の政府／プロレタリアの独裁　を

強調して労働者階級の政治への関心の誘発激成及び党の拡大に努力していること、また日本共産党は工場細胞を単位として順次上に地区委員会、地方委員会、中央委員会に統制さるる仕組みとなって居る処が国法上の秘密結社であること等を知っておりました。（以下略）

このように水野成夫（当時、共産党中央事務局長）の下で活動を開始、やがて、その水野がこともあろうに変節の主導者に転落し、夫の浅野も同調していったとき、その誤りを指摘してたたかえたのは、ここで彼女が述べているような理論的支柱がマルクス主義（科学的社会主義）の学習によって体得されていたからであろう。

四　「ウエルカム・ニシムラ」――慟哭のなかに千代子を見送る

伊藤千代子が東京女子大社会科学研究会のリーダーの一人として活動していた時期（一九二六―二七年）、約三〇〇人の学生の中に全国有数の数十人の社研メンバーを有するところまで発展していた。その双璧として活動していたのが、日本女子大社研で、清家齡（せいけとし、旧制若松、のち寺尾。一九〇一―七二）、西川露子（一九〇八―八三）とともに活動していたのが西村櫻東洋（にしむらおとよ、一九〇五―八三）である。彼女は、一九二八年の第一回普選の時には労農党本部に詰めて活動、ついで山本懸蔵、岩田義道との連絡係など重要な任務を遂行していた。

「天皇陛下の名の下にお前を調べる」　西村はその活動中一九二九年の四・一六事件で検挙、都内各署たらいまわしの取調べを受け、とりわけ大崎署（現品川区）での拷問取り調べは、後に小林多喜二を虐殺した中川警部ら三人によるもので、「入党は誰に勧められたか、どういう人と連絡を取っているのか、どんな活動をしているか」などと問い詰め、否定する

▲日本女子大在学中の社研グループの級友
左端が西村櫻東洋、右から二人目が寺尾齡

たびに殴る蹴る、仰向けに転がして頭であろうと顔であろうと、腹部、足まで靴のまま踏みつける残忍さを極めた。中川は、「天皇陛下の名の下にお前を調べる」と豪語し、夜一二時頃まで、食事も水も与えずに拷問を繰り返した。西村が夜中に留置場に担ぎ込まれるたびに大勢いた東京金属労組の人たちが、「殺されているのか」「まだ生きているのか？」と総立ちになって抗議してくれたという。そして四日目の夜中、大崎署長が「こんなにひどい取調べをして万一死に至らしめたら署としても困る。何とか方法をしかるべく」と申し入れた。西村のうめき声、叫び声が署長室までとどいていたためである。彼女は便所に行くにも這って行かざるを得なかった（治安維持法国賠同盟「不屈」二〇〇〇年一〇月一五日号から要約）。

「ウエルカム・ニシムラ」 こうした拷問に耐え抜いた西村は、一九二九年七月中旬、市ヶ谷刑務所女区未決監に収監された。独房に入ると壁に「ウエルカム・ニシムラ」と書かれており、やがてコツコツと壁を叩く音、一部屋置いた隣室から千代子の「壁に立ちなさい」の声。「サインは私が書いたの」「獄中には一九人の同志たちが囚われていた」ことなどを語りかけて来た。やがて千代子に協力的な雑役婦を通じてお椀の底に貼りつけられた「レポ」（連絡用紙）とエンピツの芯が届けられる……。こうして西村は、当時の社研指導グループとしては最後の検挙者として千代子や清家らの援助を受けて獄中生活をスタートさせたのである。西村は、この時のことを次のように回想している。

◆千代（子）さんの連絡

少し落ち着いて、ふと壁を見ると「ウエルカム・ニシムラ」と鉛筆で薄く書いてある。私は驚いて何度も見直した。「西村がここに来ることを歓迎する」？　いつ誰が書いたのだろう。ぼんやりと、夕食が済んで座っていると、こつこつと壁を叩く音が聞こえてくる。私は立ち上がって壁に耳を当てたり、あっちこっち動き回ってうろたえた。

「壁に立ちなさい」と低い声が聞こえた。窓は病舎だから密閉されてなく、鉄の棒が何本かあって、その間からみると廊下も見えるし、前の広場も、その向こうにある作業場も見える。青い着物の既決囚の働く姿も見えた。

私はその壁に立った。声が聞こえる。その声は伊藤千代さんの声である。隣室には一つの部屋を経て、伊藤千代さんがいた。

「いま、見回りの取締りが向こうに行ったのよ、だから話します。おとよさん、あなたがなかなか来ないのでとても心配していた。殺されたのではないかと思ってね。『ウエルカム・ニシムラ』とは私が書いたの。あなたの今いる部屋は、手紙を書く部屋になっていたのでね、では又話するわ」と言った。取り締まりの足音が聞こえたらしい。

伊藤千代さんは、ここの同志のことを一々私に話してくれた。だから私も大体のことは分かったのである。

転向攻撃の集中砲火の中へ　この一九二九年七月は、第一〇章でも触れているように、獄中の党指導部の中央事務局長・水野成夫が取調べの平田検事に屈服して変節し、「天皇制廃止」のスローガンを降ろし、「共産党解体」を主張し始めた直後で、検事は、その「上申書」を最大限利用し、獄中の同志たちに回覧し、転向に誘いこみ始め、その影響が市ヶ谷刑務所の男子房全体に拡大し始めていた。

千代子の夫浅野晃は、当初この主張に批判的であったが、やがて水野に同調し変節した。

このころから、編笠をかぶせられた伊藤千代子が何度も検事局や裁判所へ通うのを西村は見ている。浅野は、上申書は「真面目な感受性の強い千代子だけには絶対見せないでくれ」と亀山検事に懇願していたが、検事側は、それを逆用し、獄中で頑強に抵抗する千代子に転向を迫る最大限の「武器」にした。それは、女子舎房全体の団結の防波堤になっているリーダー・千代子を「陥す」ため浅野への信頼、愛情を最大限利用した「作戦」でもあった。

さらに、女子舎房獄中の女子活動家たちの多くが、病気などで保釈申請が受理されるのに、千代子や同房の原菊枝だけは何度もの「病気保釈申請」をことごとく却下されるという状況にあった（原『女子党員獄中記』）。千代子も原も、一刻も早く「社会」へ出て戦列に復帰することを希っての行為であったが、転向しないリーダーだけは決して獄外に出さないという権力側の意思が見られる。

前にも触れたように、千代子は当初、夫浅野の「転向問題」は、自分を変節させるための権力側の謀略ではないかと警戒していたが、やがて、それが事実だとわかる。七月末、夫の変節は動かしがたい事実となった。愛する夫のそれを食い止められなかった苦悩、同志であり夫であることの双方を一挙に失う苦しみに日夜苛まれるようになった。げんに千代子は、隣房の同志たちに「なぜこのような大量の変節者を出してしまったのか、自分たちの運動のどこに弱点があったのか」と反芻しつつ問いかけている。責任感の強い千代子にとって耐えられない苦痛であったろう。西村の回想は、この一〇日位前の時期に重なり、千代子が獄中のリーダーとして頑張っていた姿を示す貴重な証言ともなったのである。

その直後の八月一日「挙動に不審見ゆ」と刑務所側は記録しているにもかかわらず、釈放、治療、入院などの記録はなく、放置されたままであった。一七日後、独房で病勢すすむ千代子は釈放されず、(拘留の)「執行停止」のみで、特高警察の監視下にある東京府立松澤病院へ護送された。

慟　哭　「伊藤千代子が三人の看守に抱きかかえられるようにして連れ去られた後、私は泣いた。何という私の非情な態度であろう。何という恥じ知らずな、同志に対する裏切りであろう。どうしてこの時、鉄の棒をはめこんだ窓の間から手を差しのべ、『しっかりしてね』と彼女の手を握りしめなかったであろう。彼女は（おとよさーんと―筆者）私の名を呼んだではないか！」

西村櫻東洋の「遺稿集」は、六〇ページに及ぶ長大なもの。その中に女子大社研グループでも獄中の闘争でも尊敬して来た盟友・千代子への想いを四ページにわたって書き留めたのである。

この「故　西村櫻東洋の遺稿集」は、西村の姉の子息・小川洵氏によりまとめられ、彼女の死後一年後の一九八四年八月に発行された。小川氏は当時、全日本農民組合福岡県連合会委員長で、「生前、故人が青春時代を回想しながら、いくつかのノートに書き残していましたが、亡くなる直前、自分がどう生き、闘ったかを読んでくれ、と言って息を引き取りました。読みながら、戦前の天皇制政府による、過酷な弾圧時代に一人の若い女性が、よくここまで闘ったものだという感慨と共に、今日に生きる者にとっても、新しい反動化の中で、吾々に迫るものがあります。…そうした数多くの闘いの上に、今日の時代があるのだと思います。これは貴重な社会運動史の一部でもあり、遺すことが必要と考え、『遺稿集』として発行することにしました」とその動機を語っている。

西村櫻東洋は、前記の拷問による後遺症がもとで、長い闘病生活を余儀なくされ、戦後は福岡で農民運動を支える活動に従事し、一九八三年八月二四日、闘病中の民医連・千鳥橋病院でその生涯を閉じた。享年七八歳。

五　「弔意と香典」——著名人らの呼びかけ

伊藤千代子は、松澤病院で治安維持法弾圧性拘禁精神病を克服する過程で、急性肺炎を併発、一九二九年九月二四日未明、誰にも看取られることなく無念の死を遂げた。

その直後の一〇月初旬、千代子への弔意と香典を義母浅野ステさんへ届けようというアピールが出された。ワラ半紙一枚に謄写版で印刷され、関係者に配布されたものである。

起草者・発起人　この要請文の発起人は、「有泉茂、服部之総、石島治志、櫛田民蔵、喜多野清一、蔵原惟人、小松千鶴子、大内兵衛、大宅壮一、小澤正元」の一〇人である。このうち、小澤、小松は

前略

夫君浅野晃と共に、昨年三月以来市ヶ谷にあった伊藤千代子さんは、八月初旬精神に異常を来し、松澤病院へ入院し最近更に急性肺炎を併発して九月二十四日の未明午前〇時四十分浅野のお母さんの名を呼びながら、冷たい病室に、誰一人親身の者の見とりもなく逝去されたのです。早くから両親を失った千代子さんに対して在京の親戚の人々は氷のやうな冷酷な態度を示したなかに、浅野のお母さんと妹さんとは、精神的に物質的に、あらゆる手段をつくして解放運動に二十五年の生涯を献げつくした彼女の世話に當られたのでした。

こゝに私達は逝ける千代子さんと囚はれの晃君との旧友知人諸兄姉に右の趣を報告し、彼女に對する弔意を香典として、直接に左記宛に御送りあらんことを願ふものであります。

東京市外野方町上高田三八　浅野すて子様宛

發起人（ABC順）

有泉茂　服部之総　石島治志　櫛田民蔵　喜多野清一

蔵原惟人　小松千鶴子　大内兵衛　大宅壮一　小澤正元

▲1929（昭和４）年10月５日「呼びかけ文」（大原社研載）

郷里諏訪の出身者である。いずれも当時のそうそうたる社会科学者メンバーが名前を連ねており、浅野晃と伊藤千代子の交友の水準を物語るものである。

この「文書」は、二〇〇八年、法政大学大原社会科学研究所で「森戸辰男文書」の整理中に発見された。なお、その後、櫛田民蔵の『日記と書簡』（社会主義協会出版局刊）の森戸辰男宛て一九二九年一〇月五日付書簡に原文が収録されていることから、本文は、櫛田民蔵による起草であることがわかる。この印刷物コピーは、当時の大原社研所長、五十嵐仁・現法政大学名誉教授のご厚意により、筆者に提供された。

浅野と千代子の「思想的・肉体的訣別」ともなった事件後に、弔意と香典が浅野家側に寄せられたこと、その文意にある諏訪の親戚の「氷のような冷酷な態度」などについて、若干の解明が必要となろう

死　因　伊藤千代子の死後旬日を経ずして、治安維持法弾圧下で多くの著名人がいち早く千代子の解放運動への献身を称え、その評価の上に立って義母ステさんの救援活動に手を差し伸べた人々がいたことは、これまで知られてこなかった。とりわけ、当時不正確な情報が飛び交い、一部に「千代子は獄中で狂い死んだ」という蔑みともとれる声がささやかれるなかで、早い時期に「急性肺炎」という精確な病名が記されていることが注目される。

家族の一員として　同時に、浅野晃との結婚から二年間、東京女子大、労働農民党活動、全協運動、非公然党活動、ついで、三・一五検挙、市ヶ谷刑務所収監、松澤病院入院を通じて義母ステさんと晃の弟妹たちとの心温まる交友があったし、弟妹たちは聡明な千代子を姉のように慕い、家族の一員として受け入れていた。千代子の発信した手紙群はそのことをまざまざと示している（「伊藤千代子追

悼録」「地しばりの花」）。

当時、一家の大黒柱の浅野晃は、千代子の半月後の四月八日、同じく検挙され市ヶ谷刑務所に収監され、千代子の死の当時は豊多摩刑務所に収監されていた。浅野家の家計が極度の困難に陥っていたことは想像に難くない。「呼びかけ文」が、「解放運動に二十五年の生涯に捧げつくした彼女の世話に当た」った浅野の母親に「香典を」と呼びかけたことは、当を得たものと言えよう。

郷里への「非難」に応える　この「呼びかけ文」には、千代子の「在京の親戚の人々は氷のような冷酷な態度」と書かれている。その実情はどのようなものであったか。

千代子が東京女子大の卒業年度の「学費」を山本懸蔵の北海道選挙区への送出に拠出したことは前にも触れて来た。一歳半で母まさよと死別、二歳半の時父親が協議離縁して伊藤家を去った後、養祖母の細々とした駄菓子屋生活によって支

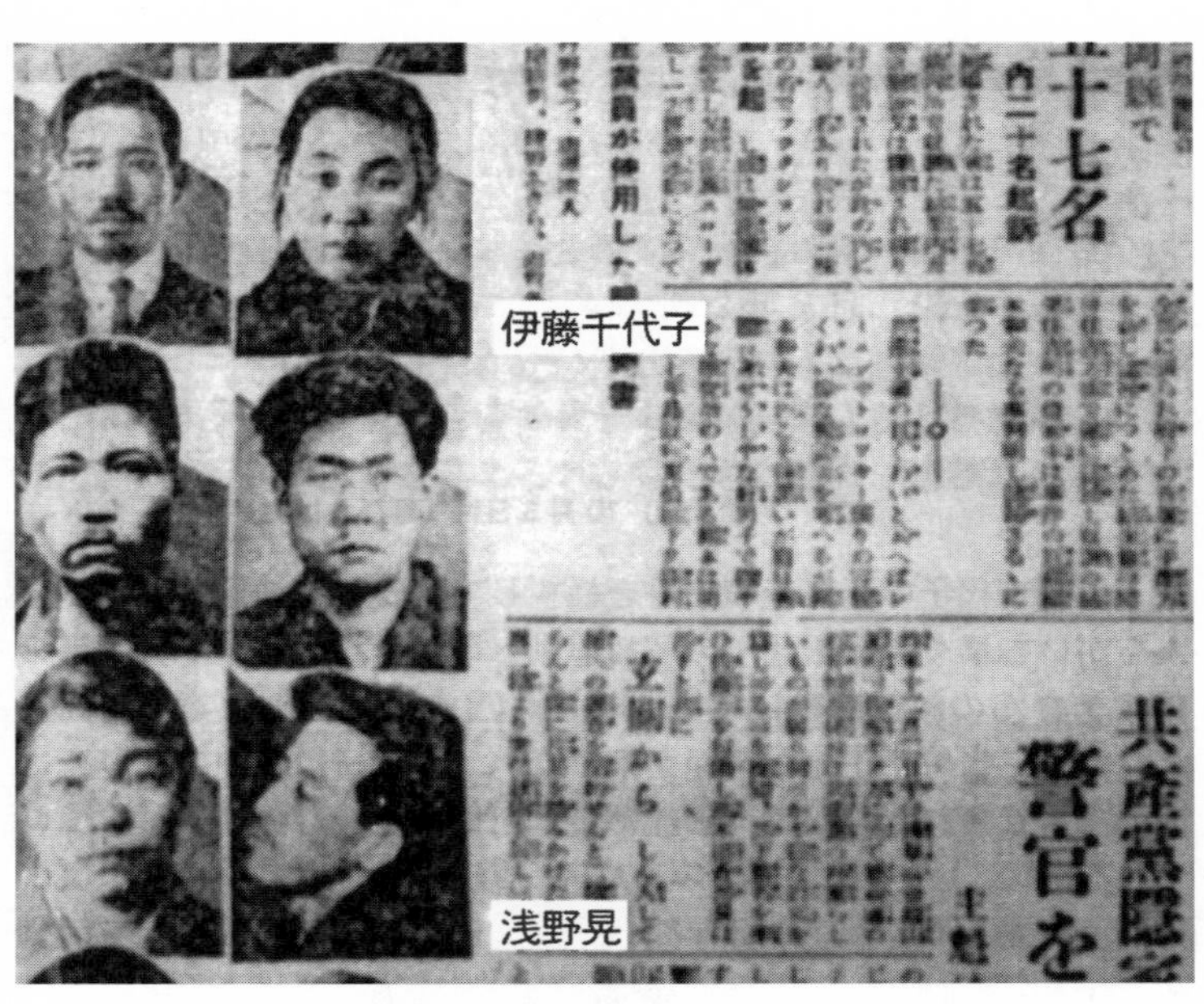

▲「南信日日新聞」（長野県南信地方紙）1929 年 11 月 6 日付

えられてきた窮状を見かねた母方の実祖父母、岩波たつ・久之助さんが小学三年生の千代子を引き取り、以後、諏訪高女、東京女子大の学費と生活費を負担してきた（「第二回訊問調書」）。

その千代子が、指折り数えて待った大学を卒業できず、「アカに染まって」刑務所に入るという驚天動地の出来事となり、地元新聞には市川正一はじめ共産党中央の幹部の写真と共に変装して髪の毛のほつれた千代子の写真をはめ込んだ記事が大々的に報じられるほどの大事件であった**（写真）**。伊藤家・岩波家はもとより親戚縁者にいたるまで「非国民、お上にタテついた」アカを出した家、として迫害を受けて沈黙せざるを得なかった。

千代子と姉妹のように育てられた岩波八千代の父、又治は東京・大森で海苔問屋を営んでいて、千代子は何度も大森に訪ねているが、それ以上に浅野の人たちとの付き合いが中心になっていたのが実情である。又治は、千代子の保証人になっていた可能性がある。しかし、女子大寮に「住所」を置き学費を受け取っていた千代子が、授業に出席せずに学外活動に傾注して行き、連絡が取れない又治氏は口も手も出せない状況におかれていたと思われる。この様な実相は、呼びかけ人たちには伝わらなかったのではないか。「氷のように」口を閉ささざるを得なかった郷里の人々の無念さ、口惜しさは想像に余りある。

郷里へ還った千代子の葬儀は、特高警察の監視下にひっそりと行われ、人々は桑畑に身をひそめて見送ったという。その直後の一〇月一八日、失意の祖母伊藤よ祢さんが後を追うように死去した。そのため姪孫にあたる伊藤保江さんが墓所を継承し、次いで弟の善知氏に引き継がれた。当時の厳しい環境のなかで、法名「圓覚院智光貞珠大姉」が刻まれた黒御影の小ぶりではあるが格式ある墓石（一四五ジペー）の建立と継承の中に、伊藤・岩波両家の千代子への並々ならぬ敬愛の念を見るのである。

六　花束もて贈る——解放運動犠牲者救援会声明

千代子が無念の死を遂げた時、民主諸団体の総意での弔意が表された。

当時、「東のワタマサ、西のヤマセン」と呼ばれていた東西二人の治安維持法下の犠牲者、渡辺政之輔（一九二八年一〇月六日、台湾・キールン港で警官隊に包囲され自死）、山本宣治（一九二九年三月五日、神田神保町の常宿・光榮館で右翼暴漢による虐殺）への追悼会の準備中に伊藤千代子の死の報がもたらされた。

治安維持法下の弾圧犠牲者救援のための「解放運動犠牲者救援会」は、「闘ひを以て記念された伊藤さんの死」と題する抗議声明を発した**（次頁ガリ版刷）**。

声明には、三・一五事件の犠牲者で唯一の女性「獄死者」伊藤千代子への追悼と全国的抗議が記録されている。共産党の指導者・渡辺政之輔、労農党代議士・山本宣治の当時、日本を代表する二人の闘士とともに伊藤千代子の名が記録されたのである。

「検挙、拷問、一年有半の不当な拘留の間、一歩も敵にゆずることなく、きゃしゃな体でよく堪えて来た伊藤さんは遂に階級裁判と白色テロのために斃されたのだ。…

渡政、山宣を弔うべく計画されていた解放運動犠牲者救援会提唱の白色テロル追悼デー（十月七日）には押へ切れぬ憤激の涙を以て犠牲者中唯一の女性・伊藤千代子の名を加えて各地の工場、職場、農村で白色テロルに対する抗議が、犠牲者と家族を救へ　朝鮮台湾の解放運動の犠牲者と家族を救へ　共産党、共産青年同盟被告を即時釈放せよ！

のスローガンを掲げて、職場懇談会、記念茶話会、五分間ストライキ等を以て闘はれた。……この事は、同志伊藤の骨を新宿駅に送る時、全国の救援会から捧げられた貧しい花束と共に、伊藤さんに対する最もよき贈り物であったと信ずる。」

昭和四年十二月一日

救援新聞

月一回　一部五銭
編輯発行兼印刷人　玉井數馬
東京市京橋區南鍋町二ノ四
下野ビル
解放運動犠牲者救援會
振替東京六四四一二番

救援新聞の配布から
會員の獲得班の確立へ！
機關紙発刊記念闘争

救援會員諸君！　茲に諸君の熱烈な支持、諸君の血の出るやうな基金によつて、今諸

全國の勞働者農民諸君！
吾解放運動犠牲者救援會は
君の手許に　救援新聞

全國の勞働者農民
近付いて來る帝國戰爭
して、勞働者農民及
同志渡政山宣を始め
檢束拘留病氣等、工場
れない程出てゐる。
全國の勞働者農民
之れ等無數の犠牲者
ば、諸君の爲に戰つ
處斷されて了ふのだ
吾救援會は、諸君の
記念して、會員の獲得
この闘爭への諸君の

朝鮮臺灣中國の同
されてゐる。

伊藤千代さんの
死に刺戟されて
諏訪の紡績女工起つ・

同志伊藤千代の狂死を機會に、同志伊藤外十四名の革命的犠牲者を出した長野縣の上諏訪地方では紡績の女工さんを中心に、救援會の支部が組織された。

闘ひを以て記念された伊藤さんの死

解放運動犠牲者救援會

キールンの阜頭で、渡政が白色テロルに斃れてこゝに一週年、十月七日を迎へるための記念斗争が準備中、私達はまた日本共産党の新しい犠牲者伊藤千代子代の訃を聞いた。検挙、拷問、一年有半の不当な拘留の間、一歩も敵にゆづることなく、すこやかな体でよく堪えて来た伊藤さんも遂に階級裁判と、白色テロルの為に惨死されたのだ。

伊藤さんの闘争経歴其他については他に書く人があると思ふからこゝには書かぬ。併し彼女を死に至らしめた白色テロルに対して全国の労働者農民は如何に抗議したかについて書いて見たいと思ふ。

二二

昨年三月の検挙當時、刑務所に送られる迄の一ヶ月余、すべての党員及びその被疑者に加へられたと同じ、あらゆる拷問の洗禮を彼女だけが受けなかったとは誰が云へやう。なぐる、蹴る、ぶち打つ等の小手調べから、さかさにつるされて顔を火のやうに充血させながら、じっと押し黙って奴等の憎悪を尚一層つのらせたこともあらう、頭髪をつかんで、土足で歩く板の間をコヅキ廻されたこともあらう。又夜中に丸一日起されて四、五人の刑事に取囲まれながら、一分の身動きさへも、口をきくのもしられ、二十四時間ぶっ續けに取調べられ、人間が何処迄自尊心をおしひしがれる事が出来るかを試した事も幾度かあつたらう。

こうした拷問の末、痛め傷けられた肉体を、療すこともなく、投げ込まれた刑務所での生活は、通信、面会、讀書の自由はおろか、もの云ふ自由も奪はれて、一日一回三十分の運動、一週一度の入浴、一日三合六勺の臭い飯に一日四銭八厘の副食物、このやうな毎日が、一年有半續けられて居る時、今年のあの殺人的暑熱に見舞はれ、その間、この肉体的打撃に加へて、予審判事の弄する精神的拷問、これらがどっと押し寄せて伊藤さんを発狂させたのだ。しかも刑務所は伊藤さんが全く自分自身を失って果れ狂ふ迄、その肉親にさへ知らさなかった。

これがどうして病死といへやう。支配階級が直接白刃をぎして刺殺したも同然である。日本の労働者農民はこの虐殺に如何に抗議すべきかを知ってゐた。渡政、山宣を葬ふべく計畫されてゐた解放運動犠牲者救援會提唱の白色テロル犠牲者追悼デー（十月七日）には[illegible]

「救援新聞」創刊号　この解放運動犠牲者救援会は、この年一二月二一日付の「救援新聞」創刊号で「伊藤千代さんの死に刺戟されて諏訪の紡績女工起つ」と題する記事を掲載した。「同志伊藤千代の狂死を機会に、同志伊藤外十四名の革命的犠牲者を出した長野県の上諏訪地方では紡績の女工さんを中心に、救援会の支部が結成された」（**前頁写真左上**）。

七　獄に死にき

「私は小学校時代から島崎藤村の小説類を読み、女学校時代にはツルゲーネフ、ゴーリキー、トルストイ等のロシア文学の翻訳を読み、代用教員時代には哲学、宗教に関する書籍を読みましたが東京女子大に入学してから社会科学に関する文献を読みました。その主なるものを挙げれば、マルクスの賃労働と資本、哲学の貧困、エンゲルスの空想から科学へ、レーニンの著作集、河上肇の唯物史観等であります。（「訊問調書」第二回・問九〈の答〉）」

第二回訊問調書で、千代子は自らの思想発展をこのように位置づけた。自らの力で学び、つかみ取った理想の社会をつくるためにこころざし、起ちあがり、その闘いの途上斃れて逝った。

その生を絶ったものは、治安維持法である。一九二五年に施行されたこの法律は、国民の幸せを希って社会変革に献身する組織と数十万の人々に襲いかかり、検挙、残虐な拷問、投獄、虐殺をくりかえした。稀代の悪法と言われるゆえんである。飯島喜美、田中サガヨ、高島満兎、相沢良…そして小林多喜二、野呂榮太郎、山本宣治…。みな前途有為な青年たちだ。みな戦争に反対し、主権在民、平和と国民の要求実現のために献身して斃れた。その数、数十万人。家族や親戚縁者、関係者を入れると数百万を超える人々がその犠牲になった。そして二千万人余を殺戮したアジア・太平洋地域への無謀な侵略戦争に突き進み、多くの日本国民がその犠牲になった。まさしく治安維持法と特高警察は、侵略戦争遂行の尖兵であった。

「ポツダム宣言」は、十項後段で「日本国政府は、日本国国民の間に於ける民主主義的傾向の復活強化に対する一切の障碍を除去すべし。言論、宗教及思想の自由並びに基本的人権の尊重は確立せらるべし」と謳っている。それは千代子等の追い求めた事そのものである。こうして日本に戦争放棄と平和・人権を尊重する「憲法」が実現した。伊藤千代子等はそのいしずえとなった。

二〇二〇年は、ポツダム宣言受諾によって治安維持法が廃止されて七五周年である。

しかし、その今日も自公政権は、治安維持法は「適法に制定され、勾留・拘禁・刑の執行も適法だった」とし、「損害を賠償すべき理由はなく、謝罪・実態調査も不要だ」（二〇一七年六月二日、衆院法務委員会での金田勝年法相＝当時＝の日本共産党・畑野君枝衆院議員の質問に）と強弁した。ポツダム宣言によって断罪され、平和憲法の理念にもとるこのような立場は、「戦後処理」を誠実に進めてきた諸外国の趨勢から著しく背反するものである。今日、戦前の弾圧法犠牲者への名誉回復・謝罪、賠償がなされずにいるのは日本だけになった。人権後進国、世界の「孤児」たるゆえんである。

治安維持法によるすべての被弾圧犠牲者の名誉回復をめざす運動を五〇年間にわたって続けてきた治安維持法犠牲者国家賠償要求同盟は、毎年、

1．国は、治安維持法が人道に反する悪法であったことを認めること

2．国は、治安維持法犠牲者に謝罪し、賠償を行うこと
3．国は、治安維持法による犠牲者の実態を調査し、その内容を公表すること

の三つの請願項目による国会請願署名を続けている。その署名総数は一〇〇〇万筆に迫っている。

こうした運動と共に、同組織は、全国的な犠牲者を氏名で特定する作業を続け、パンフ「治安維持法下の弾圧　Ⅰ『虐殺』、Ⅱ『獄死者』――国家権力の犯罪」にまとめている。筆者もリストアップ作業に加わったその過程で、千代子の被弾圧性の区分をどうするかが問題となった。結果として、区分表（別掲）の「B　獄死者」に分類してカウントした。「未決拘留中、刑の執行停止のまま病死」。つまり、病因を回復したら再び刑務所へ逆送されたからである。

こうして伊藤千代子は、わが国の黎明期革命運動の最初の女性共産党員群の一人として記憶され、治安維持法弾圧による最初の女性獄死者として記録されることとなった。

それは、いみじくも文明が「獄に死にき」と詠いあげた深い洞察とも共通するものである。

ケイ・シュガーさんは、この章の冒頭に続けて歌う。

♪　独房で思いを馳せた　ふるさと諏訪の地よ
　朝露光る麦畑　穏やかな湖
　窓の外のたくましい　地しばりの花を見て
　生き抜くこと誓った　夏の日のあなた
／　傷ついて裏切られても　明日を信じて

震えるほど寒い日にも　春が来ること
苦しさに心病んでも　仲間を思い
嵐吹きすさぶ中も　夢を抱きしめ
／
二十四年で奪われた　あなたの命
工場の労働者も　涙し誓った
この世を変えるために
たたかい続けること
いまも人々の胸で　輝くあなた　♪

伊藤千代子を二四歳の若さで獄死に追いやった治安維持法は、必ずや心ある国民の総意と歴史の法廷で裁かれる日が来る。

◆治安維持法被弾圧犠牲者数　（人）

A	警察署での拷問による虐殺者		93	氏名はパンフ『虐殺』に掲載
B	服役中・未決拘留中の獄死者		128	氏名はパンフ『獄死者』に掲載
C	服役中、未決拘留中の暴行・虐待、劣悪な環境などによる発病で出獄・釈放後死亡した者（獄死者に準ずる者）		208	〃
D	弾圧、周囲の圧力で再起できず自死した者		25	〃
E	宗教弾圧での虐殺・獄死者・準獄死者		60	〃
F	検挙者数		68,274	1928年～1945年5月まで
G	送検（検事局送局）者数		約17,000	検事局処理人員
H	起訴者数		6,550	〃　（起訴率約10%）
I	不起訴	起訴猶予	7,316	〃
J		処分留保・無嫌疑・その他	3,659	
K	検挙に至らなかった拘引・拘束者数		数10万人	

★A―E：治安維持法犠牲者国家賠償要求同盟調査・2019年4月現在　藤田©
F―J：荻野富士夫氏調査『治安維持法関係資料集』第1・4巻による

1925	14	20	東京女子大英語専攻部２年に編入学 大学内の社会科学研究会結成に参加	治安維持法公布、 男子普通選挙法公布、 日本労働組合評議会結成、 「女工哀史」出版７月
1926	昭１	21	学外マルクス主義学習会参加、浅野晃を知る 学内の「社研」組織拡大、社研講師活動で塩沢富美子らを指導	京大学連事件、労農党結成
1927	2	22	「女子学連」結成に参画、委員 岡谷山一林組争議激励、 ９月、浅野晃と結婚	女子学連結成（東京女子大、日本女子大中心） 共産党27年テーゼ 金融恐慌、山東出兵
1928	3	23	２月普通選挙支援活動、 ２／29　入党（中央事務局所属） ３・15弾圧で検挙、特高の拷問を受け、起訴、市ヶ谷刑務所へ拘留、獄中で学習を続け、同志を励まし闘う	普選に党候補労農党から立候補山宣ら当選 「赤旗」創刊　３・15弾圧（検挙1600人余）特高警察全国に設置 治安維持法死刑法に、全協結成 小林多喜二『1928年３月15日』
1929	4	24	水野、浅野ら獄中で変節するも頑強に闘う ８／１　拘禁精神病発症 ８／17　松澤病院へ収容 ９／24　急性肺炎で死去	３／５　山本宣治右翼暴漢に刺殺さる ４・16弾圧（検挙1000人余） ９／30　水野成夫・浅野晃ら除名 「赤旗」復刊
1930	5		片山潜「コミンテルン」誌で伊藤千代子を賞賛	
1933	8			小林多喜二築地署で虐殺さる
1934	9			野呂榮太郎品川署の拷問で病状悪化絶命
1935	10		土屋文明「某日某学園にて」で“伊藤千代子がこと”を詠う 秋元波留夫松澤病院に勤務、治安維持法弾圧による拘禁精神病患者治療に専心	

1992	平４		３／５　日本共産党中央委員会総会で宮本顕治議長（当時）伊藤千代子ら顕彰発言
1994	6		『日本共産党の70年』顕彰記述
1997	9		７／21　伊藤千代子顕彰碑建立
2004	16		９／24　没後75周年　（９／23　東京・記念のつどい）
2005	17		４／１　伊藤千代子生前最後（獄中）の手紙４通公開（苫小牧市立中央図書館） ７／３　「伊藤千代子最後の手紙公開記念の集い」（苫小牧） ７／17　生誕100周年記念事業（墓前・碑前祭、記念集会他）

伊藤千代子略年表

西暦	元号	歳	伊藤千代子関係	社会状況
1889	明22			大日本帝国憲法発布
1897	30			片山潜ら労働組合期成会・『労働世界』
1900	33			治安警察法公布
1901	34			社会民主党（わが国初の社会主義政党）
1903	36			幸徳秋水、堺利彦ら平民社設立
1904	37			日露戦争はじまる（日本出兵）
1905	38		7月21日　長野県諏訪郡湖南村（現諏訪市）生まれ	
1907	40	2	母まさよ死去、養祖母よ祢が母親代わり	
1908	41	3	父義男、協議離縁	足尾銅山争議、明治期最高の労働争議240件
1910	43	5		「大逆事件」（翌年、幸徳ら死刑）『白樺』創刊
1911	44	6	（異母弟赤沼正美生まれる）	警視庁に特高警察設置 東京市電スト6000人余
1912	大1	7	湖南尋常小学校入学	
1914	3	9	３年生 亡母の実家（岩波家）へ、金子分教場転校、平林たい子と同クラスに。生徒24名	第一次世界大戦はじまる
1915	4	10	４年生	
1916	5	11	５年生　中州尋常高等小学校へ担任・川上茂	信州白樺運動、中条百合子『貧しき人々の群』発表
1917	6	12	６年生　読書・勉学すすむ	ロシア社会主義革命、スト頻発
1918	7	13	諏訪高女へ入学（平林たい子とともに）、土屋文明着任	米騒動全国に波及
1919	8	14	高２　文明から英語・国語・修身授業	東大新人会結成
1920	9	15	高３　肋膜炎患う 文明校長に着任	普選運動高揚、初のメーデー、特高に労働課
1921	10	16	高４　土屋テル子夫人宅で千代子英語補習	
1922	11	17	生徒総代で卒業証書授与、文明	日本共産党創立
1923	12	18	松本高女へ（川上との恋愛問題） 高島尋常高等小学校代用教員 女子英学塾２回受験――不合格	関東大震災（川合義虎ら虐殺） 共産青年同盟結成
1924	13	19	５月　仙台・尚絅女学校高等科英文予科入学 （浅野晃、諏訪中学英語教師に～25年２月）	学生社会科学連合会（学連）結成

❖参考文献・資料

【戦前】

＊「伊藤千代子追悼録」浅野あや子編集　ガリ版刷り私家版　１９２９年12月

＊原菊枝『女子党員獄中記』１９３０年12月15日・春陽堂――31年1月7日発禁

＊片山潜「世界経済恐慌に打ちひしがるる日本資本主義と日本共産党の任務」１９３０年1月

＊三村さちよ「女子学連」の思ひ出『改造』１９３１年8月号

＊土屋文明『アララギ』――「某日某学園にて」１９３５（昭和10）年11月号

＊野村章恒「心因性精神病、殊ニ拘禁性精神病ニ関スル臨床的知見」『精神神経学雑誌』１９３７年――東京府立松澤病院蔵

＊伊藤千代子・五味（葛城）よ志子さん宛て書簡　47通　葛城誉子氏蔵

＊獄中最後の手紙4通　１９２９年5～7月　4通　苫小牧市立中央図書館蔵

＊「伊藤千代子訊問調書」（第1回・28年12月～4回・29年3月）

【戦後】

＊『現代史資料』ＶＯＬ14、16　みすず書房　１９６５年

＊山岸一章・掌編ルポ「信濃路」（「赤旗」１９７０年3月15日付）

＊東栄蔵『伊藤千代子の死』未来社　１９７９年

＊日本共産党長野県委員会『解放を求めて――長野県党のあゆみ』１９８４年

＊塩沢富美子『野呂榮太郎と共に』未来社　１９８６年

＊東京女子大女性学研究所『創設期における東京女子大学学生の思想的動向』１９９０年

＊広井暢子『女性革命家たちの生涯』新日本出版社　１９８９年

〃『新しき光のなかに――日本共産党の歴史と人間像』新日本出版社　１９９７年

〃『時代を生きた革命家たち』新日本出版社　１９９８年

＊日本共産党出版局『こころざしつつたふれし少女』１９９３年

＊長野県治安維持法国賠同盟・藤森明（パンフ）「伊藤千代子の生涯とその時代」１９９４年

＊藤森明『こころざしいまに生きて』学習の友社　１９９５年

＊吉田漱『土屋文明　私記』短歌出版社　１９９６年

＊葛城誉子『イエローローズ――伊藤千代子の青春』１９９８年

＊東栄蔵『信州異端の近代女性たち』２００２年　信濃毎日新聞社

＊ロバータ・スティーブンス『根づいた花――尚絅女学院キリスト教新聞社　２００３年

＊秋元波留夫『治安維持法と拘禁精神病――伊藤千代子の死』２００３年

〃『実践精神医学講義』日本文化科学社　２００２年

〃『未来のための回想』創造出版　２００２年

〃『精神医学研究遍歴の旅路』創造出版　２００４年

*伊藤千代子顕彰碑建立記念誌『今、新しき光の中へ』
伊藤千代子こころざしの会発行／第1号1997年・第2号1999年・第3号2002年・第4号2005年・第5号2006年。パンフ・「伊藤千代子の歩んだ道――今を生きる若いあなたへのメッセージ」

*「伊藤千代子最後の手紙公開記念の集い」記念誌『地しばりの花』――伊藤千代子獄中最後の手紙と「集い」講演録　北海道・苫小牧市　2005年

*諏訪二葉高等学校『写真でかたる二葉百年のあゆみ』2008年

*小口（藤田）廣登「伊藤千代子と青春」試論　VOL1―14　2001―04年
藤田廣登「伊藤千代子と現代」VOLⅠ―Ⅳ　2006―7年
藤田廣登『時代の証言者　伊藤千代子』学習の友社2005年
改訂新版　2017年

❖資料提供（敬称略・順不同）

小市草子　東　栄蔵　葛城誉子
秋元波留夫　東京女子大学・図書館・女性学研究所
尚絅学院大学　苫小牧市立中央図書館
法政大学大原社会科学研究所
伊藤千代子こころざしの会（長野県・諏訪市）
伊藤千代子最後の手紙公開記念の集い実行委員会
（北海道・苫小牧市）
日本共産党中央委員会党史資料室
治安維持法犠牲者国家賠償要求同盟

❖ホームページ紹介

*伊藤千代子こころざしの会　http://tiyoko17.org/sp/
スマートフォン・タブレットで「千代子の生涯」のページが見られます。

*劇映画「伊藤千代子の生涯（仮）」製作を支援する会
https://chiyoko-cinema.jp/

QRコード
（スマホから閲覧できます）

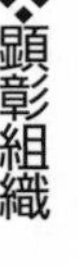

❖顕彰組織

*伊藤千代子こころざしの会
会長　藤森　守　TEL：090―4022―7608、碑前祭・墓前祭、記念集会、顕彰碑保全・ガイド、『記念誌』等頒布活動　など

*伊藤千代子の会（在京）
事務局　藤田廣登　TEL：090―4527―1129・FAX：04―7174―2028
mail：fujitahiro@outlook.com 東京の千代子の事績ガイド、講演会講師派遣、『時代の証言　伊藤千代子』頒布活動　など

*伊藤千代子最後の手紙公開記念の集い実行委員会
代表　畠山忠弘　TEL：090―8279―6726・FAX：0144―72―9700
手紙を見る会案内、『地しばりの花』頒布活動、記念集会　など

あとがき

本書は、私の「伊藤千代子研究ノート」の集大成です。

私が伊藤千代子という郷里の女性を知ったのは、山岸一章氏の「信濃路」（「赤旗」一九七〇年三月一五日付）と題する掌編ルポでした。その後、諏訪の郷土史家・藤森明氏の研究成果を学習の友社から『こころざし いまに生きて』として出版に協力（九五年）、それを契機に地元のみなさんと全国募金に支えられての顕彰碑建立事業（九七年）に励まされつつ今世紀を迎え、先行研究の援けをかりて本書の発行にこぎつけました。この間、浅学の私に寄せられた資料・情報提供とご教示・励ましに心から感謝します。

本書は、版を重ねるごとに、新しく「発掘」された資料をつぎ足しながら構成してきました。今般の増補新訂版は、従来版を補いつつ、おもに二〇一〇年代に「発掘」された資料とこの間の私自身の認識の発展を反映させつつ「補章」の形で構成しました。

伊藤千代子という一〇〇年も前に面（オモテ）を上げて権力に抗した一人の女性のみずみずしい感性と献身的なたたかいの生みだした一筋の光——暗黒の時代を撃ち続けたその生命力が今日もまた若者を励まし、時代閉塞の現代を撃ち続けることを希うものです。

藤田廣登

二〇二〇年七月二一日　伊藤千代子生誕一一五周年の日に

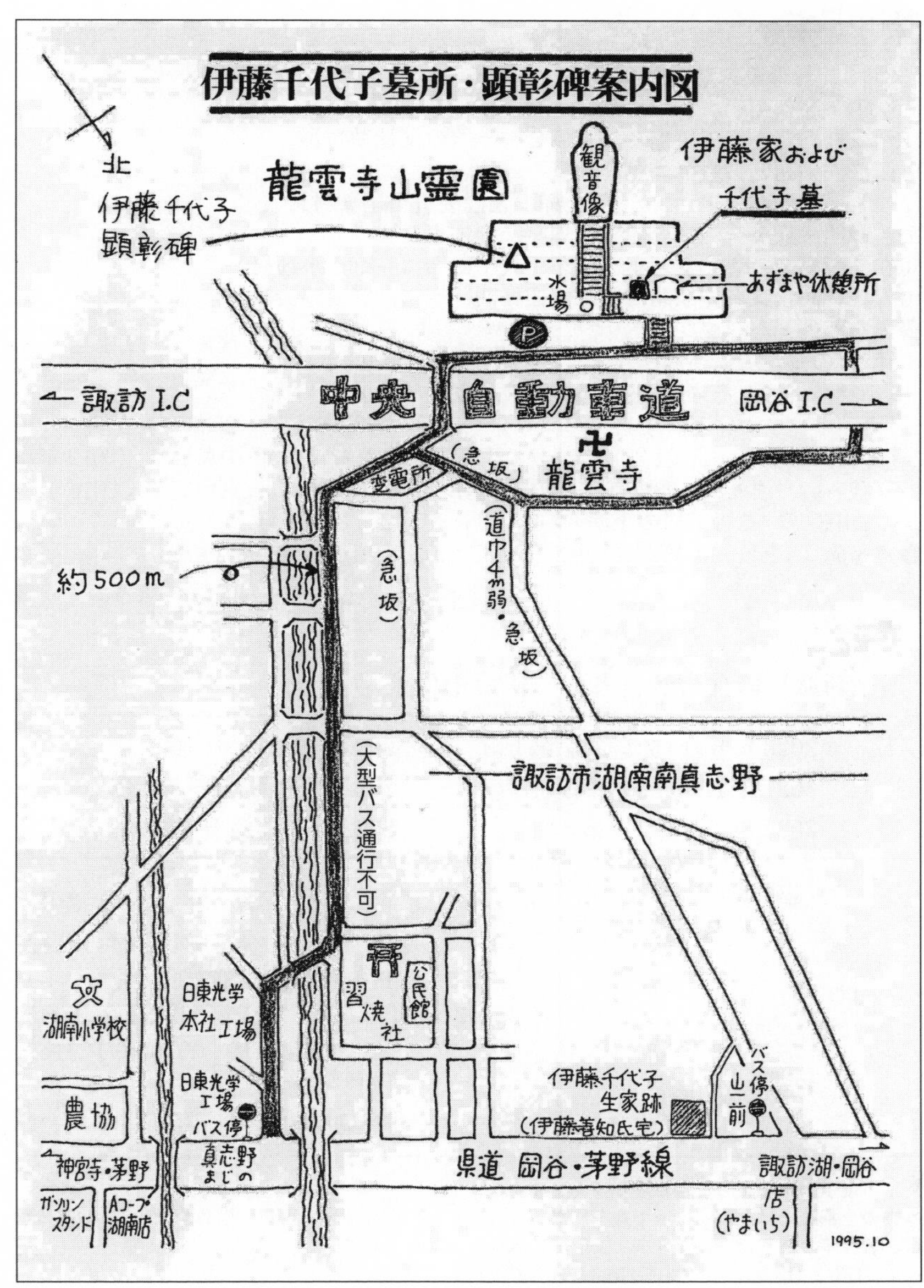
伊藤千代子墓所・顕彰碑案内図
北
龍雲寺山霊園
伊藤千代子
顕彰碑
観音像
伊藤家および
千代子墓
水場
あずまや休憩所
諏訪 I.C
中央自動車道
岡谷 I.C
龍雲寺
（急坂）
変電所
約500m
（急坂）
道巾4m弱・急坂
（大型バス通行不可）
諏訪市湖南南真志野
習焼社
公民館
湖南小学校
日東光学
本社工場
日東光学
工場
バス停
農協
伊藤千代子
生家跡
（伊藤善知氏宅）
バス停
山一前
神宮寺・茅野
真志野
まじの
県道 岡谷・茅野線
諏訪湖・岡谷
ガソリン
スタンド
Aコープ
湖南店
店
（やまいち）
1995.10

作図：藤田廣登

【著者略歴】

藤田 廣登（ふじた・ひろと）

1934年　長野県諏訪郡下諏訪町生まれ
岡谷工業高校卒
化学会社勤務を経て労働者教育協会・学習の友社勤務員
財団法人平和と労働会館専務理事
「平和と労働センター・全労連会館」建設委員会事務局長
公益財団法人・全労連会館常務理事、副理事長を経て
現在、労働者教育協会理事、伊藤千代子の会（在京）事務局
治安維持法犠牲者国家賠償要求同盟顧問、東京山宣会副会長
●主な著書・パンフレット
『時代の証言者　伊藤千代子』（学習の友社　2005年）
『小林多喜二とその盟友たち』（学習の友社　2007年）
『ガイドブック・小林多喜二の東京』（共著）（学習の友社　2008年）
「野葡萄の蔓——戦前、無産者医療に生涯をかけた青年医師・中島辰猪」（2012年）
『"我らのやません"と東京——山本宣治の生涯』（共著）（東京山宣会　2016年）
「古川苞——その不屈の生涯」（追悼実行委員会　2018年）
●連絡先　TEL.090-4527-1129　E-mail：fujitahiro@outlook.com

〈増補新版〉時代の証言者——伊藤千代子

発行	2020年8月15日 初版第1刷	2020年9月1日 第2刷
	2021年12月1日 第3刷	2022年5月1日 第4刷
	2022年5月15日 第5刷	2022年9月24日 第6刷

定価はカバーに表示

著　者　**藤田廣登**
発行所　**学習の友社**
〒113-0034 東京都文京区湯島2-4-4
TEL. 03（5842）5641　FAX. 03（5842）5645
郵便振替　00100-6-179157
製　作　株式会社 プラス・ワン
印刷所　モリモト印刷 株式会社

ISBN978-4-7617-0722-4